中华人民共和国行业标准

公路沥青路面养护技术规范

Technical Specifications for Maintenance of Highway Asphalt Pavement

JTJ 073.2—2001

主编单位:上海市公路管理处
批准部门:中华人民共和国交通部
实施日期:2002年01月01日

人民交通出版社股份有限公司

图书在版编目（CIP）数据

公路沥青路面养护技术规范：JTJ 073.2—2001 / 上海市公路管理处主编. — 北京：人民交通出版社股份有限公司，2017.2

ISBN 978-7-114-13677-1

Ⅰ. ①公… Ⅱ. ①上… Ⅲ. ①沥青路面—公路养护—技术规范 Ⅳ. ①U418.6-65

中国版本图书馆 CIP 数据核字（2017）第 029535 号

标准类型：**中华人民共和国行业标准**
标准名称：**公路沥青路面养护技术规范**
标准编号：JTJ 073.2—2001
主编单位：上海市公路管理处
出版发行：人民交通出版社股份有限公司
地　　址：（100011）北京市朝阳区安定门外外馆斜街 3 号
网　　址：http://www.ccpress.com.cn
销售电话：（010）59757973
总 经 销：人民交通出版社股份有限公司发行部
经　　销：各地新华书店
印　　刷：北京鑫正大印刷有限公司
开　　本：880×1230　1/32
印　　张：3.875
字　　数：95 千
版　　次：2017 年 2 月　第 1 版
印　　次：2017 年11月　第 2 次印刷
书　　号：ISBN 978-7-114-13677-1
定　　价：20.00 元

关于发布《公路沥青路面养护技术规范》(JTJ 073.2—2001)的通知

交公路发[2001]588号

各省(自治区、直辖市)交通厅(局、委),各有关单位:

现批准发布《公路沥青路面养护技术规范》(JTJ073.2—2001),作为行业标准,自2002年1月1日起施行。

该标准由上海市公路管理处主编并负责解释,人民交通出版社出版。希各单位在实践中注意积累资料,总结经验,及时将发现的问题和修改意见函告上海市公路管理处(上海市武宁路915弄1号,200063,电话:021—62169691)与中建标公路工程委员会秘书处(北京西土城路8号,100088,电话:010—62079195),以便修订时参考。

中华人民共和国交通部

二〇〇一年十月十一日

前　　言

原《公路养护技术规范》(JTJ 073—96)公布执行以来,在我国公路养护管理工作中发挥了很大的作用。但由于公路建设的飞跃发展,公路设施数量增加迅速,对公路养护,包括沥青路面的养护要求越来越高,因此,原规范的内容已不适应公路发展的需要。根据交通部下达的公路工程建设标准、规范、定额等编制、修订工作计划的安排,将原规范分解为《公路沥青路面养护技术规范》、《公路水泥混凝土路面养护技术规范》、《公路桥涵养护技术规范》、《公路养护安全操作技术规程》等规范,而其中《公路沥青路面养护技术规范》由上海市公路管理处主编,长沙交通学院、山东、辽宁、四川、河南、甘肃等省公路局参加共同编制完成。

为编写本规范,主编单位曾发函各省、市、自治区有关交通部门征求意见,在征求意见的基础上,于 1997 年 9 月通过专家审查,确定了编写大纲。在编写过程中,还曾二次征求各省、市交通部门意见,并于 1998 年 10 月召开了征求意见会,根据征求的意见和建议完成了送审稿。2000 年 2 月由交通部公路司主持召开了送审稿评审会。根据评审会意见,进一步修改,完成了报批稿,经交通部审定,批准颁布执行。

本规范分为 10 章,并附有 5 个附录。本规范的重点是对原《公路养护技术规范》中有关沥青路面的养护技术内容进行了全面的充实和提高,增加了“术语、符号”、“补强”等章节,从而使本规范与新颁布的公路沥青路面设计规范、施工规范及相关规范的名词术语等,与交通部印发的《国家干线公路文明建设样板路实施标准》保持一致。在“养护内容与质量标准”一章中按公路等级提出相应的养护质量要求，并根据公路事业发展的需要在原规范基础上加以提高。对高速公路和一级公路沥青路面的养护提出了车辙的要求，对公路沥青路面抗滑性能提出了横向力系数和摆值二项指标。在“路况调查与评价”一章中也根据交通部推广应用的“公路路面管理系统”(CPMS)的内容进行了补充与修改。本规范还突出了对高速公路的沥青路面的养护要求，在“日常养护”一章里作了具体规定。本规范的颁布执行，必将会使我国公路沥青路面的养护质量得到进一步的提高。

本规范的内容是根据近年来公路沥青路面养护工作中的各种新材料、新工艺、新设备、新技术的发展和应用情况，以及科研成果和养护工作经验编制而成的。为使本规范更能符合我国公路沥青路面养护的实际情况，请各有关单位在执行中，将发现的问题和意见，随时函告上海市公路管理处(地址：上海市武宁路915弄1号，邮编：200063)，与中建标公路工程委员会秘书处(北京西土城路8号，邮编：100088)，以便下次修订时参考。

主编单位：上海市公路管理处
参编单位：长沙交通学院、四川省公路局、辽宁省公路局、山东省公路局、河南省公路局、甘肃省公路局
主要起草人：张奎鸿　徐　犇　何桂平　姚元强　武明章　汪维恒　江凯林　来旭光　梁伟光　王一如　李宇峙　周　谦　隆泽均　谈敦仪　沈忠仁　李玉海

目　录

1 总　　则

1.0.1 目的

为提高公路沥青路面的养护水平，保证路面经常处于良好的技术状态，特制定本规范。

1.0.2 适用范围

本规范适用于各级公路沥青路面的养护。

1.0.3 基本要求

1. 对沥青路面必须进行预防性、经常性和周期性养护。必须加强路况巡视，掌握路面的使用状况，根据路面的实际情况制定日常小修保养和经常性、预防性和周期性养护工程计划。对于较大范围路面维修和超过设计使用年限的路面维修应及时安排大中修工程和改建工程。

2. 沥青路面的养护必须加强计划及施工管理，根据计划做好进度安排、人员组织、物资设备供应，确保养护工作按照计划实施。必须加强养护工程质量管理和监督；必须加强沥青路面的养护经济核算和成本分析。

3. 沥青路面宜采用机械化养护，提高养护工程质量和服务水平。

4. 沥青路面的养护应依靠科技进步，加强养护技术管理，逐步采用先进的检测仪器设备采集路况资料，应用路面管理系统，正确评价路况，提出科学的养护对策。积极推广应用新技术、新材料、新工艺，发展现代化沥青路面的养护技术。

5. 沥青路面养护必须贯彻文明施工、安全生产的方针，制定技术安全措施，加强安全教育，严格执行安全操作规程，确保安全生产。

1.0.4 相关标准

沥青路面的养护,除按本规范的规定执行外,尚应遵守国家和行业现行有关标准规范的规定。

2 术语、符号

2.1 术　　语

2.1.1 路面综合破损率　damage rate

路段内不同类型、程度和范围的损坏的折合面积与路段的路面总面积的比值。

2.1.2 路面状况指数　pavement condition index

表征路面完好程度的指数。

2.1.3 路面强度指数　structure strength index

为路面设计弯沉值与路段代表弯沉值之比，是表征路面结构整体强度的相对指标。

2.1.4 路面质量指数　pavement quality index

由路面的行驶质量指数、路面状况指数、路面强度指数和路面抗滑性能评价指标通过加权计算得出的综合评价指标。

2.2 符　　号

编　号	符　　号	意　　　　义
2.2.1	DR	路面综合破损率(%)
2.2.2	PCI	路面状况指数(分)
2.2.3	SSI	路面强度指数
2.2.4	RQI	行驶质量指数
2.2.5	SFC	横向力系数
2.2.6	BPN	摆式仪摆值
2.2.7	IRI	国际平整度指数

续上表

编　号	符　号	意　义
2.2.8	PQI	路面质量指数
2.2.9	K	路面破损换算系数
2.2.10	D	被评价路段内的折合破损面积(m^2)
2.2.11	A	被评价路段内的路面总面积(m^2)
2.2.12	D_{Ij}	第I类损坏,第 j 类严重程度的实际破损面积(m^2)
2.2.13	K_{Ij}	第I类损坏,第j类严重程度的换算系数
2.2.14	BI	平整度测试设备的测试结果,对车载式颠簸累积仪的单位为mm/km
2.2.15	P_1	路况指数PCI的加权系数
2.2.16	P_2	行驶质量指数的加权系数
2.2.17	P_3	强度指数的加权系数
2.2.18	P_4	抗滑能力的加权系数

3 养护内容与质量标准

3.1 工作内容与要求

3.1.1 沥青路面的养护工作可分为日常巡视与检查、小修保养、中修、大修、改建和专项养护工程等，其具体内容有：

1 日常巡视与检查

日常巡视与检查内容包括：

(1)路面上是否有明显的坑槽、裂缝、拥包、沉陷、松散、车辙、泛油、波浪、麻面、冻胀、翻浆等病害，其危害程度及趋势；

(2)路面上是否有可能损坏路面或妨碍交通的堆积物等。

2 小修保养

小修保养可分为日常保养和小修二项工作内容。

(1)日常保养的内容有：

1)清扫路面泥土、杂物；

2)排除路面积水、积雪、积冰、积砂、铺防滑料等；

3)拦水带(路缘石)的刷白、修理；

4)清理边沟、维修护坡道、培土等。

(2)小修的内容有：

修补路面的泛油、拥包、轻微裂缝、横向裂缝、坑槽、沉陷、波浪、局部网裂、松散、车辙、麻面、啃边等病害。

3 中修工程

中修工程的内容有：

(1)沥青路面整段铺装、罩面或封面(稀浆封层)；

(2)沥青路面局部严重病害处理；

(3)整段更换路缘石、整段维修路肩。

4 大修工程

大修工程的内容包括路面的翻修、补强等。

5 改建工程

改建工程的工作内容有：

(1)提高路面等级；

(2)补强；

(3)加宽；

(4)局部改线。对不适应交通要求、不符合路线标准的路段，通过局部改线，提高公路等级，使其符合技术标准要求。

6 专项养护工程

3.1.2 沥青路面的小修保养应符合下列要求：

1 保证路面平整、横坡适度、线形顺直、清扫整洁、排水良好；

2 加强巡路检查，掌握路面情况，及时排除有损路面的各种不良因素，发现路面初期病害应及早维修。

3.1.3 对路面较大损坏，应根据损坏程度，及时安排大、中修或专项工程，进行维修和整治；对路面承载能力不足或不适应交通要求的，应根据不同情况进行补强、加宽或改线，以提高公路等级。

3.1.4 应重视路面排水。及时修补沥青路面的坑槽和裂缝，防止地表水渗入基层；对已渗入基层的积水，应设纵横向盲沟排水，地下水位较高的在排水沟下面设置腹式盲沟；应加强路面排水设施的维修养护，保持良好的排水功能。

3.2 养护质量标准

3.2.1 沥青路面养护质量标准

1 沥青路面平整度、抗滑性能及路面状况的养护质量标准应符合表 3.2.1-1 的规定。

2 沥青路面强度的养护质量标准应符合表 3.2.1-2 的规定。

3 沥青路面车辙养护质量标准应符合表 3.2.1-3 的规定。

平整度、抗滑性能及破损状况的养护质量标准 表 3.2.1-1

序号	项目		高速公路、一级公路	其他等级公路
1	平整度(mm)	平整度仪(σ)	≤3.5	≤4.5(≤5.5 或≤7.0)[①]
		三米直尺(h)	≤7	≤10 (≤12 或≤15)[②]
		IRI(m/km)	≤6	≤8
2	抗滑性能	横向力系数 SFC	≥40	≥30
		摆式仪摆值 BPN	—	≥32
3	路面状况指数 PCI		≥70	55

注:① 对于其他等级公路的平整度方差 σ:沥青碎石、贯入式应取低值 4.5,沥青表面处治取中值 5.5,碎砾石及其他粒料类路面取高值 7.0;

② 对于其他等级公路的平整度三米直尺指标:沥青碎石、贯入式应取低值 10,沥青表面处治取中值 12,碎砾石及其他粒料类路面取高值 15。

沥青路面强度的养护质量标准 表 3.2.1-2

评价指数	高速公路、一级公路	其他等级公路
路面强度系数 SSI	≥0.8	≥0.6

沥青路面车辙养护质量标准 表 3.2.1-3

评价指数	高速公路、一级公路	其他等级公路
路面车辙深度(mm)	≤15	-

注:对于其他等级公路不对车辙深度作要求。

4 沥青路面应保持横坡适度,以利排水,各种路面类型的路拱坡度宜符合表 3.2.1-4 的规定。

沥青路面横坡度 表 3.2.1-4

路面类型	高速公路、一级公路	其他等级公路
路拱坡度	1.0~2.0	—

注:对于高速公路、一级公路路拱横坡的养护标准,路面结构排水良好的可比表列值低 0.5%,其他等级公路的路拱横坡可视公路等级的情况比《公路工程技术标准》(JTJ 001)中相应的设计值低 0.5%作为养护标准。

5 沥青路面平整度、抗滑性能、路面状况、强度、车辙及路拱横坡度的养护状况若达不到表3.2.1-1～3.2.1-4的规定标准时，应采取适当的措施对其进行处治予以修复，以达到规定的要求。

3.2.2 大修、中修、改建、专项工程的质量标准

对沥青路面采取大修、中修、改建及实施专项养护工程时，除遵照本规范的相关技术规定外，还应遵照《公路工程质量检验评定标准》(JTJ 071)、《公路沥青路面施工技术规范》(JTJ 032)、《公路路面基层施工技术规范》(JTJ 034)、《公路路基施工技术规范》(JTJ 033)的规定执行。

3.3 养护材料要求

3.3.1 基本要求

沥青路面的养护维修材料主要有道路石油沥青、乳化石油沥青、液体石油沥青、改性沥青等沥青材料、各种规格的粗细集料、填料等砂石材料，以及由这些材料组成的混合料。各种维修养护材料都必须进行必要的试验，不符合要求的，不得使用。

3.3.2 技术要求

沥青路面养护维修材料的技术要求应符合《公路沥青路面设计规范》(JTJ 014)、《公路沥青路面施工技术规范》(JTJ 032)的规定。材料试验应遵照《公路工程沥青及沥青混合料试验规程》(JTJ 052)、《公路工程石料试验规程》(JTJ 054)、《公路工程集料试验规程》(JTJ 058)的规定执行。

3.4 养护机具配备

3.4.1 沥青路面的养护维修应根据实际要求和各地实际情况配备各种机具设备，其种类及规格，可参照附录A。

3.4.2 沥青路面改建工程所需机具应遵照《公路沥青路面施工技术规范》(JTJ 032)的有关规定配备。

3.4.3 路面状况调查设备可参照表3.4.3执行。

路面状况调查设备表 表 3.4.3

调 查 内 容	调 查 设 备	备　　注
路面破损状况	直尺等直观调查设备	可配备路况摄影车
路面结构强度	贝克曼梁弯沉仪及弯沉车	可配备自动弯沉仪 或落锤式弯沉仪
路面平整度	路面平整度仪或三米直尺	
路面抗滑能力	摩檫系数仪	可配备横向力系数仪
路面车辙深度	路面车辙测试仪	

3.4.4 养护机械应配备具有上岗证书的技术工人，并注意做好机械的保养维修工作，确保安全使用，提高机械设备的完好率和使用率。

4 路况调查与评价

4.1 一般规定

4.1.1 路况调查与评价的目的是为公路管理部门编制公路养护年度计划和维修对策提供依据，同时，为确定日常养护和维修工作内容也应进行路况调查和评价。

4.1.2 应按照4.3节规定的调查频率对路面状况各项评价标准进行调查，采集路况数据。通过路况数据评定路面状况并充实完善数据库。

4.1.3 应对路面使用性能进行长期观测和调查，研究其变化规律，分析路面产生病害的原因，拟定处治方案。

4.1.4 公路养护管理部门制定资金需求和资金分配计划、制定公路养护工作计划、确定大、中、小修及保养对策和方案决策时，宜使用路面管理系统，以提高养护工作和管理决策的科学性。

4.2 路面的破损类型

4.2.1 沥青路面破损可分为裂缝类、松散类、变形类及其他类等四大类。

4.2.2 各类破损类型及其严重程度描述见表4.2.2。

沥青路面破损分类分级 表4.2.2

破损类型		分级	外观描述	分级指标	计量单位
裂缝类	龟裂	轻	初期龟裂，缝细、无散落，裂区无变形	块度：20~50cm	m^2
		中	裂块明显，缝较宽，无或轻散落或轻度变形	块度：<20cm	

续上表

破损类型		分级	外观描述	分级指标	计量单位
裂缝类	龟裂	重	裂块破碎，缝宽，散落重，变形明显，急待修理	块度：< 20cm	m^2
	不规则裂缝	轻	缝细，不散落或轻微散落，块度大	块度：> 100cm	m^2
		重	缝宽，散落，裂块小	块度：50 ~ 100cm	
	纵裂	轻	缝壁无散落或轻微散落，无或少支缝	缝宽：≤5mm	m^2
		重	缝壁散落重，支缝多	缝宽：> 5mm	
	横裂	轻	缝壁无散落或轻微散落，无或少支缝	缝宽：≤5mm	m^2
		重	缝壁散落多，支缝多	缝宽：> 5mm	
松散类	坑槽	轻	坑浅，面积小（< 1 m^2）	坑深：≤25mm	m^2
		重	坑深，面积较大（> 1 m^2）	坑深：> 25mm	
	麻面		细小嵌缝料散失，出现粗麻表面		m^2
	脱皮		路面面层层状脱落		m^2
	啃边		路面边缘破碎脱落，宽度 10cm 以上		m^2
	松散	轻	细集料散失，路面磨损，路表粗麻		
		重	粗集料散失，多量微坑，表面剥落		
变形类	沉陷	轻	深度浅，行车无明显不适感	深度：≤25mm	m^2
		重	深度深，行车明显颠簸不适	深度：> 25mm	
	车辙	轻	变形较浅	深度：≤25mm	m^2
		重	变形较深	深度：> 25mm	
	搓板		路面产生纵向连续起伏、似搓板状的变形		m^2
	波浪	轻	波峰波谷高差小	高差：≤25mm	m^2
		重	波峰波谷高差大	高差：> 25mm	m^2
	拥包	轻	波峰波谷高差小	高差：≤25mm	
		重	波峰波谷高差大	高差：> 25mm	

续上表

破损类型		分级	外观描述	分级指标	计量单位
其他类	泛油		路表呈现沥青膜,发亮,镜面,有轮印		m^2
	磨光		路面原有粗构造衰退或丧失,路表光滑		m^2
	修补损坏面积		因破损或病害而采取修复措施进行处治,路表外观上已修补的部分与未修补部分明显不同		m^2
	冻胀		路基下部的水分向上聚集并冻结成冰引起路面结构膨胀,造成路表拱起和开裂		m^2
	翻浆		因路基湿软,路面出现弹簧、破裂、冒浆的现象		m^2

4.3 调查内容与方法

4.3.1 路面调查内容与频率

路面调查主要包括路面破损状况、路面结构强度、路面平整度、路面抗滑能力等四项内容。根据需要还可增加对桥头、通道两侧以及涵洞的不均匀沉降观测。交通量观测按附录 B 有关规定进行。

路面调查可采用全面调查或抽样调查的方式。路面调查频率应遵照表 4.3.1 的规定。

路面调查频率 表 4.3.1

公路等级	评价指标			
	破损	平整度	强度	抗滑
高速公路、一级公路	每年一次		1~3 年一次	
二、三、四级公路	每年重点调查		必要的调查	

4.3.2 破损调查

路面破损的调查指标为综合破损率(DR)。

高速公路和一级公路路面破损数据调查,宜采用先进快速的调查方法。其他等级公路可采用人工调查的方法。

4.3.3 强度调查

路面强度的调查指标为路面弯沉值(l_s)。

高速公路和一级公路路面弯沉值的调查,宜采用自动弯沉仪或落锤式弯沉仪进行调查,但应建立与贝克曼梁测定结果的对应关系。其他等级公路可采用贝克曼梁弯沉仪进行调查。

4.3.4 平整度调查

路面平整度的调查指标为国际平整度指数(IRI)。

路网的全面调查宜采用车载式检测设备快速检测;小范围的抽样调查可采用连续式平整度仪或三米直尺检测。

各种方法的测定结果应建立与国际平整度指数之间的对应关系。

4.3.5 抗滑能力的调查

路面抗滑能力的调查指标为横向力系数(SFC)和摆值(BPN)。

调查设备可采用横向力测定车和摆式仪。高速公路和一级公路,宜采用横向力系数测定车。

4.3.6 交通量观测

当调查与评价路段有交通量观测数据时,应直接采用;如交通量观测数据不能满足要求时,可按附录 B 要求进行补测。

4.4 数据的采集与管理

4.4.1 现有路面数据采集应由地(市)级公路管理机构负责组织,由县级公路部门组成测试小组进行,也可委托专门的检测机构进行。参与数据采集人员必须严肃认真,有较丰富的养护路面实践经验,并熟悉路面病害类型区分,确保数据真实、可靠。

4.4.2 路面破损数据的采集与管理

1 调查方法

(1)仔细查看路面上存在的损坏状况,正确区分病害类型和严重程度,丈量其损坏面积,按病害类型及其严重程度,记入沥青路面损坏情况调查表,准确至平方米,不规则形状的损坏面积计算时先按当量面积计算,然后根据破损程度乘上系数确定;评价段次按

100m设定，每张表为一个路段的实测记录，记录表格见附录C表C.0.1。

(2)对于各种单条裂缝，其损坏面积按裂缝长度乘以0.2m计算。

(3)车辙的损坏面积按车辙的长度乘以0.4m计算。对于车辙、拥包、波浪、坑槽、沉陷等类损坏，可用三米直尺测其最大垂直变形，以确定其严重程度。

(4)调查结果应按路段汇总，填入沥青路面损坏情况总表，每一行为一个路段的合计记录，记录表格见附录C表C.0.2。路段长度宜采用1000m，以整公里桩号为起讫点，并考虑以公路交叉及行政区分界为分段点。

2　数据校核

地(市)公路部门应组织复核小组进行抽查，抽查数量占实际调查路段的5%～10%，偏差范围在±10%以内为合格，不合格时应重新进行调查。

4.5　使用品质的评价指标与评价方法

4.5.1　路面现有使用质量评价的内容包括：路面破损状况、行驶质量、强度及抗滑性能。各项评价内容所用的指标及其关系如图4.5.1所示。

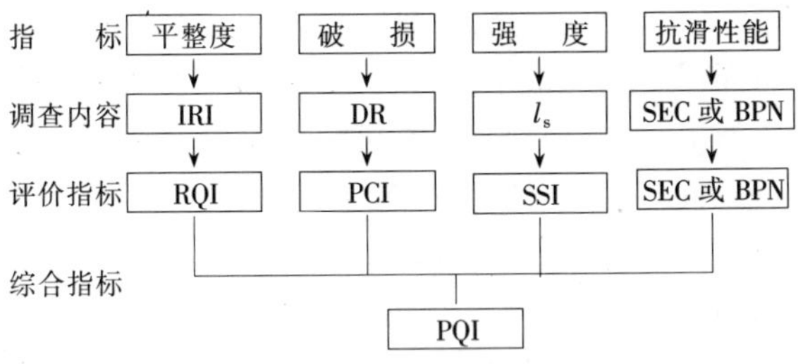

图4.5.1　评价指标关系图

4.5.2　路面破损状况

1　路面破损状况采用路面状况指数(PCI)进行评价，路面状况指数由沥青路面破损率(DR)计算得出。

1)路面破损的具体种类及严重程度描述见本规范表4.2.2。

2)路面破损换算系数(K):根据路面破损的严重程度和范围,按表4.5.2-1确定。

路面破损换算系数(K) 表4.5.2-1

破损类型	严重程度	换算系数(K)
龟裂	轻 中 重	0.6 0.8 1.0
不规则裂缝	轻 重	0.2 0.4
纵裂	轻 重	0.4 0.6
横裂	轻 重	0.2 0.4
坑槽	轻 重	0.8 1.0
麻面		0.1
脱皮		0.6
啃边		0.8
松散	轻 重	0.2 0.4
沉陷	轻 重	0.4 1.0
车辙	轻 重	0.4 1.0
搓板		0.8
波浪	轻 重	0.4 0.8

续上表

破损类型	严重程度	换算系数(K)
拥　包	轻	0.4
	重	0.8
泛　油		0.1
磨　光		0.6
修补损坏面积		0.1
冻　胀		1.0
翻　浆		1.0

3)路面综合破损率(DR)按下式计算：

$$DR = D/A \times 100 = \sum\sum D_{ij} \cdot K_{ij}/A \times 100 \qquad (4.5.2\text{-}1)$$

式中：DR——路面综合破损率，以百分数计；

D——调查路段内的折合破损面积(m^2)；$D = \sum\sum D_{ij} \cdot K_{ij}$；

A——调查路段的路面总面积(m^2)；

D_{ij}——第 i 类损坏、j 类严重程度的实际破损面积(m^2)；如为纵、横向裂缝，其破损面积为：

裂缝长度(m)×0.2；车辙破损面积为：长度(m)×0.4；

K_{ij}——第 i 类损坏、第 j 类严重程度的换算系数，可从表4.5.2-1查得。

4)路面状况指数(PCI)：

路面状况指数(PCI)的数值范围为0～100。其值越大，路况越好。PCI的计算公式为：

$$PCI = 100 - 15DR^{0.412} \qquad (4.5.2\text{-}2)$$

2　路面破损状况的评价标准

根据路面破损情况，可将路面质量分为优、良、中、次、差五个等级。评价标准应符合表4.5.2-2的规定。

路面破损状况评价标准　　表4.5.2-2

评价指标 \ 评价等级	优	良	中	次	差
路面状况指数 PCI	≥85	≥70～<85	≥55～<70	≥40～<55	<40

4.5.3 路面强度

1 路面强度指数(SSI)

沥青路面强度采用强度指数作为评价指标。路面强度指数(SSI)按下式计算：

$$\text{SSI} = 路面设计弯沉值/路段代表弯沉值 \tag{4.5.3}$$

路段代表弯沉值可依据现行《公路沥青路面设计规范》(JTJ 014)的有关规定进行计算。

2 路面强度评价标准应符合表4.5.3的规定。

路面强度的评价标准　　表4.5.3

标准 / 公路等级 / 评价指标	优		良		中		次		差	
	高速公路、一级公路	其他公路、等级公路	高速公路、一级公路	其他公路、等级公路	高速公路、一级公路	其他公路、等级公路	高速公路、一级公路	其他公路、等级公路	高速公路、一级公路	其他公路、等级公路
强度指数 SSI	≥1.0	≥0.83	<1.0~≥0.83	<0.83~≥0.66	<0.83~≥0.66	<0.66~≥0.5	<0.66~≥0.5	<0.5~≥0.3	<0.5	<0.3

4.5.4 行驶质量指数

1 路面的行驶质量采用行驶质量指数(RQI)作为评价指标，行驶质量指数由国际平整度指数(IRI)计算。

1)国际平整度指数

国际平整度指数IRI可由反应类设备测定，测定结果需经试验标定。IRI与其他设备的标定关系式一般为：

$$\text{IRI} = a + b \times \text{BI} \tag{4.5.4-1}$$

式中：BI——平整度测试设备的测试结果；

a，b——标定系数。在使用中，各地可根据实际的标定结果确定其取值；

IRI——国际平整度指数(m/km)。

2)行驶质量指数

路面行驶质量指数(RQI)与国际平整度指数(IRI)的关系为：

$$RQI = 11.5 - 0.75 \times IRI \tag{4.5.4-2}$$

式中：RQI——行驶质量指数，数值范围为 0～10。如出现负值，则RQI值取0；如计算结果大于10，RQI取值10。

2 路面行驶质量评价标准应符合表4.5.4的规定。

路面行驶质量的评价标准 表4.5.4

评价指标 \ 等级	优	良	中	次	差
行驶质量指数 RQI	≥8.5	<8.5～≥7.0	<7.0～≥5.5	<5.5～≥4.0	<4.0

4.5.5 路面抗滑性能

路面抗滑性能采用抗滑系数作为评价指标，抗滑系数以横向力系数（SFC）或摆式仪的摆值（BPN）表示。评价标准应符合表4.5.5的规定。

路面抗滑能力评价标准 表4.5.5

评价指标 \ 评价等级	优	良	中	次	差
横向力系数 SFC	≥50	≥40～<50	≥30～<40	≥20～<30	<20
摆　　值 BPN	≥42	≥37～<42	≥32～<37	≥27～<32	<27

4.5.6 路面的综合评价

1 路面的综合评价指标（PQI）

路面的综合评价采用PQI作为评价指标，PQI用分项指标加权计算得出。PQI的数值范围为0～100。其值越大，路况越好。

$$PQI = PCI' \times P_1 + RQI' \times P_2 + SSI' \times P_3 + SFC' \times P_4 \tag{4.5.6}$$

式中：P_1、P_2、P_3、P_4 为相应指标的权重，按PCI、RQI、SSI、SFC（或BPN）的重要性确定。

建议值见表4.5.6-1。PCI′、RQI′、SSI′、SFC′的赋值见表4.5.6-2。

P_1、P_2、P_3、P_4 权重建议值 表 4.5.6-1

取值 / 权重	建议值		
	高速公路、一级公路	二级公路	二级以下公路
P_1	0.25	0.3	0.35
P_2	0.35	0.25	0.2
P_3	0.1	0.25	0.35
P_4	0.3	0.2	0.1

PCI′、RQI′、SSI′、SFC′的赋值 表 4.5.6-2

等级 / 权值	PCI、RQI、SSI、SFC(或 BPN)评定结果				
	优	良	中	次	差
相应指标的赋值	92	80	65	50	30

2 路面综合评价的评价标准

路面综合评价的评价标准宜符合表 4.5.6-3 的规定。

路面综合评价标准 表 4.5.6-3

等级 / 评价指标	优	良	中	次	差
路面综合评价指标 PQI	≥85	≥70～<85	≥55～<70	≥40～<55	<40

4.6 维修养护对策

4.6.1 沥青路面养护对策应根据公路等级、交通量、分项路况评价结果确定。分项路况评价包括：

路面破损状况、行驶质量、路面强度和抗滑性能等方面。路面综合评价指标仅用于对路面质量的总体评价。

4.6.2 各地公路养护管理部门应结合路面管理系统的使用，根据路面分项评价结果和养护资金的情况，统筹安排本地区公路网的资金需求计划和资金分配方案，确定公路养护的优先次序。

4.6.3 公路养护管理部门可根据公路等级、交通量、分项路况的评价结果，结合养护资金情况，采取如下维修养护对策：

1　在满足强度要求的前提下(路面的结构强度系数为中等以上时),若高速公路及一级公路的路面状况指数(PCI)评价为优、良,或者二级及二级以下公路的路面状况指数评价为优、良、中时,以日常养护为主,并对局部破损进行小修;若高速公路及一级公路的路面状况指数(PCI)评价为中及中以下,或者二级或二级以下公路的路面状况指数评价为次及次以下,应采取中修罩面措施。

2　在不满足强度要求的前提下(路面的结构强度系数为中等以下时),应采取大修补强措施以提高其承载能力。

3　若高速公路及一级公路的行驶质量指数(RQI)评价为优、良,或者二级及二级以下的公路的行驶质量指数评价为优、良、中时,以日常养护为主;若高速公路及一级公路的行驶质量指数(RQI)评价为中及中以下,或者二级及二级以下公路的行驶质量指数评价为次及次以下时,应采取罩面等措施改善路面的平整度。

4　高速公路及一级公路的抗滑能力不足($SFC < 40$)的路段,或二级及二级以下公路抗滑能力不足($SFC < 30$ 或 $BPN < 32$)的路段,应采取加铺罩面层等措施提高路表面的抗滑能力。

5　因路面不适应现有交通量或载重的需要,应通过提高现有路面的等级,或通过加宽等改建措施提高道路的通行能力和服务质量。

4.6.4　大、中修及改建工程的结构类型和厚度,可根据公路等级、交通量、当地经济条件和已有经验,通过设计确定,具体要求应符合本规范第7、9、10章的规定。

4.6.5　对项目级的养护维修对策,可根据公路网的资金分配情况和养护工作计划安排,结合各路况分项评价结果和本地区成熟的养护经验,选择具体的养护维修措施。

5 日常养护

5.1 一般公路沥青路面日常养护

5.1.1 初期养护应按下列规定进行。

1 热拌沥青混合料路面的初期养护

(1)摊铺、压实后的热拌沥青混合料路面,待摊铺层自然冷却,混合料表面温度低于50℃后方可开放交通。

(2)纵横向的施工接缝是沥青路面的薄弱环节,应加强初期养护,随时用三米直尺查找暴露出来的轻微不平,铲高补低,经拉毛后,用混合料垫平、压实。

2 沥青贯入式路面的初期养护

(1)路面竣工后,开放交通时,行驶车辆限速在15km/h以下,根据表面成型情况,逐步提高到20km/h。

(2)设专人指挥交通或设置临时路标,按先两边,后中间控制车辆易辙行驶,达到全面压实。

(3)应随时将行车驱散的嵌缝料回扫、扫匀、压实,以形成平整密实的上封层。当路面泛油后,要及时补撒与施工最后一层矿料相同的嵌缝料,同时控制行车碾压。

3 沥青表面处治路面的初期养护

(1)层铺法施工的沥青表面处治路面的初期养护与贯入式路面的要求基本相同。

(2)拌和法施工的沥青表面处治路面的初期养护与热拌沥青混合料的要求基本相同。

4 乳化沥青路面的初期养护

乳化沥青路面的初期稳定性差,压实后的路面应做好初期养护,设专人管理,按实际破乳情况,封闭交通 2～6h;在未破乳的路段上,严禁一切车辆、人、畜通过;开放交通初期,应控制车速不超过 20km/h,并不得制动和调头。当有损坏时应及时修补。

5.1.2 沥青路面日常养护应按下列规定执行。

1 加强路况巡查,及时发现病害,研究分析病害产生的原因,并有针对性及时对病害进行维修处理。

2 路面清扫应按如下规定进行:

(1)巡查过程中,发现路面上有杂物,要及时清扫,保持路面清洁。

(2)沥青路面的日常清扫,应根据实际情况,采用机械或人工的方法进行清扫。

(3)沥青路面的清扫作业频率应根据路面污染程度、交通量的大小及其组成、气候及环境条件等因素而定;长大隧道内、桥梁上沥青路面的清扫频率应适当增加。

(4)为了防止清扫路面时产生扬尘而污染环境,危及行车安全,机械清扫时宜配备洒水装置,并根据路面的扬尘程度,确定适当的洒水量。

3 严禁履带车和铁轮车在沥青路面上直接行驶,如必须行驶,应采取相应措施。

4 雨后路面有积水的地方要及时排除。

5 排水设施的养护

在春融期,特别是汛前,应对排水设施进行全面检查并疏通。雨天必须上路巡查,及时排除堵塞并疏通。防止水流直接冲刷路基、路面及路肩。暴雨过后应重点检查,如有冲刷、损坏,应及时修补。

6 除雪防滑

(1)当降雪影响正常通行时,应组织人员与机械清除路面积雪,对重要道路要争取地方政府组织沿线人员、设备除雪。

(2)在冬季降雪或下雨后,路面出现结冰时,应在桥面、陡坡、急弯、桥头引道撒铺一层防滑料。在环保允许情况下,也可撒布融雪材料(氯化钙、氯化钠等)。

7　路肩养护

(1)路肩上应保持适当的横坡,坡度应平整顺适,硬路肩横坡可与路面横坡相同或略大,植草路肩应比路面横坡度大 1% ~ 2%。当路肩的横坡过大或过小时,应及时整修。

(2)堆料台应设置在路肩以外,堆料应距离适当、排列规整。

(3)路肩应经常保持平整坚实,对出现的坑槽、车辙、缺口应及时修补。

(4)对雨天积水、淤泥应及时排除和清理,铲除的淤泥土石及杂物,不得堆放在边沟内或边坡上。

(5)宜结合 GBM 工程,用块石、水泥混凝土预制块铺砌路肩外侧边缘带。对边缘带应加强养护,由于路表水冲刷及车辆碾压造成的松动、破损应及时修复或更换。

(6) 可在路肩上种植(或保留)草皮,并要经常修整,草高不宜超过 15cm,并以不影响路面排水为原则,保护路肩不被冲刷。

8　边坡养护

(1)路基边坡的坡面应保持平顺、坚实无冲沟,其坡度应符合设计规定。应经常检查路堑,特别是深路堑边坡的稳定情况。如发现有危岩、浮石等,应及时清除,避免坍落危及行车、行人安全和堵塞边沟。当土路堑边坡出现冲沟时,应及时用粘土填塞捣实;如出现潜流涌水,可开集水沟,将水引向路基以外。

(2)填土路堤边坡因雨水冲刷,易出现冲沟和缺口,应及时用粘结性良好的土修补拍实。对较大的冲沟和缺口,修理时应将原边坡开挖成台阶形,然后分层填筑夯实,并注意与原坡面衔接平顺,并增加植被防护。

(3)边坡、碎落台、护坡道、沿河路堤等,受水流冲刷及浸淹,出现缺口、冲沟、沉陷、塌落滑坡时,应根据水流、地质、边坡坡度等情况,选用种草、铺草皮、栽灌木丛、投放石笼、干砌或浆砌片石护坡等防治措施。

5.1.3　季节性预防养护

沥青路面对气温比较敏感,应根据各地不同季节的气候特点、水和温度变化规律,按照“预防为主、防治结合”的原则,结合本地区成功经验,针对如下所列不同季节病害根源,因地制宜,采取有效的技术措施,做好预防性季节性养护工作。

1 春季 春季气温较暖,路基内的水分开始转移,是各种病害集中暴露的季节。养护中应抓住时机,及时防治路面病害。

(1)路基含水量较大的路段,随着解冻路基强度减弱,在行车作用下面层容易出现裂缝病害;含水量已达饱和、强度和稳定性差的路段,经车辆碾压容易出现翻浆。

(2)施工质量差的路面,在气温回升时容易变软,矿料经碾压产生松动,油层不稳定,容易出现油包、波浪等。

(3)秋末冬初低温施工路段,随着温度的上升,容易出现泛油。

(4)春融季节路面出现网裂后,如不及时处理,容易发展为坑槽。

2 夏季 夏季气候炎热,地面水分蒸发快,是沥青路面各种病害全面发展的季节。养护中要充分利用夏季气温高、操作方便的条件,及时消灭病害。

(1)新铺的沥青路面在高温作用下容易出现泛油。

(2)基层含水量较大或质量差的路段,在行车作用下容易造成路面发软产生车辙。

(3)沥青用量过多,矿料过细或沥青粘度差的沥青路面容易出现拥包、波浪、发软等病害。

3 秋季 秋季气温逐渐降低,而雨水较多。应及时处理病害,为冬季沥青路面的正常使用打下基础。

(1)秋季雨水较多,容易积水的路面,如果有裂缝和基层不密实,易出现坑槽。

(2)强度不够的路肩受雨水侵蚀或积水影响,在行车碾压下,易产生啃边。

(3)基层含水量较大、强度不够,或地基受水泡发软的路段,路面稳定受到影响,在行车碾压下易出现网裂。

4 冬季 冬季气候寒冷,路基路面冻结,是沥青路面比较稳定的季节,但是也要注意沥青路面的养护。

(1)路面在低温下发生不同方向的收缩,容易产生横向、纵向裂缝。

(2)积雪地区做好除雪防滑。

5.1.4 不同季节处理各种病害,应按本规范第六章有关规定及时维修。

5.2 高速公路沥青路面日常养护

5.2.1 一般规定

1 对高速公路沥青路面应进行经常性和预防性的日常养护,以保证路面经常处于良好的技术状态。

2 高速公路路面日常养护的工作程序应符合下列要求:

(1)建立完善的巡视检查制度和技术检测系统,建立完善的信息网络。及时、准确地掌握路面状况及相关信息,科学地、客观地评定路面使用品质,有依据、有计划、有针对性地安排养护项目。

(2)树立高度的交通服务意识和安全意识,在路面养护作业中,应满足正常行车的需要,尽量避免完全封闭交通。

(3)严格按照有关技术规范和标准进行养护作业,宜采取机械化养护作业方式,迅速、优质、高效地处理各类路面损害和障碍,确保运行质量。

(4)不断探索和应用新材料、新设备、新技术、新工艺,提高养护作业的时效性、机动性、安全性和可靠性。

3 对于高速公路沥青路面上出现的各类病害,必须及时、快速处理。当发现直接危及正常交通和行车安全的病害,应立即修复或采取临时过渡措施后再按本规范有关要求进行修复。

4 路面的日常养护,应根据实际需要配置适用的机具设备,建立适当的材料储备,并组织可靠的养护材料供应网络,以确保路面养护作业正常进行。

5 在高速公路上进行路面养护作业的人员,必须事前接受专门的安全教育和养护作业规程的培训。养护安全作业参照本规范第11章的规定执行。

6 高速公路沥青路面的日常养护，除本节规定外，均应按本规范其他章、节有关规定执行。

5.2.2 巡查和检测

1 高速公路沥青路面的日常养护，应坚持巡视检查制度，及时发现路面及其附属设施的损坏情况和可能影响交通的路障，以便养护部门及时、合理地安排维修和清理，尽快恢复路面正常使用状态。

(1)巡视检查分为日常巡查、定期巡查、特殊巡查和专项巡查，各类巡查的内容、频率、方法、装备按附录D执行。

(2)巡查作业中，巡查人员应强化自身保护意识，按规定穿着安全标志服。巡查车速一般控制在40～50km/h，并按规定开启示警灯。如遇到需要停车检查的情况，应停在紧急停车带上。如必须停在行车道上时，应开启巡查车的危险报警闪光灯，并采取必要的安全措施，巡查人员应在巡查车的前方迅速完成检查或测量作业。

(3)巡查作业中应由专人记录巡查情况，巡查结束后应尽快整理、汇总巡查记录，并通知有关部门采取相应的养护措施。

2 路面的日常养护中，应注意采集、利用气象信息和交通信息等相关信息。

(1)应每天记录当地的天气预报和实际天气情况。在多风、多雨、多雾、多雪、多冰冻季节，应随时注意天气的变化，必要时应与当地的气象台、站取得并保持联系，随时获取最新气象信息，以便及时采取相应措施。

(2)应按规定进行交通量调查。

3 高速公路沥青路面应进行路面破损、强度、平整度和抗滑性能检测，以及必要的专项技术检测。具体按本规范第4章的有关规定执行。

4 各项巡视检查、专项调查和技术检测的结果，均应及时进行整理和初步分析，并输入公路路面管理系统，由该系统每年一次对路面的技术状况和使用品质进行综合评价，作为制定下一年度养护工作计划的依据。当在各类巡查或专项检测中发现路面某一方面的技术状况和使用品质明显下降时，应及时通过该系统作出阶段性评价,以及时采取相应的养护对策。

5 对修建于软土地基的高速公路沥青路面应定期进行路面高程测量。当桥头引道的不均匀沉降出现下列情况,应及时予以修复:

(1)与桥台的连接部位沿桥台靠背产生错台,且最大高差达2cm以上;

(2)台后接近桥台部位的纵向坡度差超过5‰。

5.2.3 清扫和排水

1 对尘土、落叶、杂物等造成的路面污染,应进行日常清扫,保持高速公路良好的运行环境。

(1)日常清扫应以机械作业为主,机械清扫沿路面右侧或左侧进行,并应尽量避免在中间行车道进行清扫作业及变换车道进行清扫作业。对清扫机械无法扫及的路面死角,应进行人工辅助清扫。

(2)日常清扫的作业频率应根据路面污染程度而定,一般为每日一次全程清扫,清扫时间应尽量避开流量高峰时段。

(3)清扫机械必须配备洒水装置,机械清扫作业时应根据路面的扬尘程度确定适当的洒水量。

(4)路面清扫后的垃圾不得随意倾倒,应运至指定地点或垃圾场妥善处理。

(5)桥面、隧道内沥青路面及收费广场的日常清扫作业按以上要求进行,但应适当加大隧道内沥青路面及收费广场的清扫频率。

2 除了定期的日常清扫作业外,还应根据路面污染的特殊情况,及时进行不定期的特殊清扫保洁作业。

(1)当发现路面上有妨碍正常交通的杂物时,应立即清除;

(2)当意外事件、事故等因素造成路面污染时,应及时清扫;

(3)当沥青路面被油类物质或化学物品污染时,应先撒砂、撒木屑或用化学中和剂处理,然后进行清扫,必要时再用水冲洗干净。

3 高速公路沥青路面应保持排水畅通、路面无积水。

(1)对中央分隔带集水井、横向排水管、路侧拦水缘石及泄水槽、桥面泄水孔等路面排水系统应经常进行清理和疏通,发现损坏部位应及时修复。

(2)应经常检查沥青路面的排水情况,检查时间一般以在雨间或雨后1~2h为宜。发现路面明显积水的部位,应分析原因,分别采取下列不同措施:

对虽未破损,但造成雨后明显积水的行车道路面局部沉陷部位,应及时清扫并予以整平;

对设置有路侧拦水带及泄水槽的路段,如因拦水带开口及泄水通道的位置不妥而造成路面积水时,应及时调整;

对因横坡不适而造成积水的路段,应采取临时措施,尽量减少行车道部位的积水,并在罩面及翻修工程中彻底调整解决。

(3)在雨季到来之前,应对全部路面排水系统及路堤边沟、涵管、泵站、集水井、沉淀池等所有排水设施进行全面检查和疏通,修复损坏部位,处理水毁隐患,清除路肩和边坡高草,确保雨季排水畅通。应加强雨季排水,及时处理路面水毁部位,减轻水害损失。

5.2.4 排障和清理

1 为了及时处理并尽量减轻因不可抗拒因素和突发事件所造成的损害,高速公路管理机构应建立完善的应急抢险机制,全天候不间断的值班,随时掌握、分析各类有关信息,做好各种应急抢险准备工作,一旦发生险情,快速作出反应,指挥应急抢险工作。该机制的基本功能如图5.2.4所示。

2 应根据实际需要配置必要的排障、抢险、救援设备和可靠的通讯指挥设施,对排障、抢险、救援人员应进行专门的业务培训,并预先制定排障、抢险、救援作业程序。一旦出现妨碍正常交通、危及行车安全的路面险情和障碍物,应急抢险指挥中心应立即组织人员、设备,按程序进行排障、抢险、救援工作,迅速排除路障和路面险情,恢复正常交通。必要时可请求当地政府和当地驻军支援。

3 排障作业结束后,应按本节有关规定,尽快清理现场,发现路面及附属设施受到损害的，应尽快按本节规定予以修复。

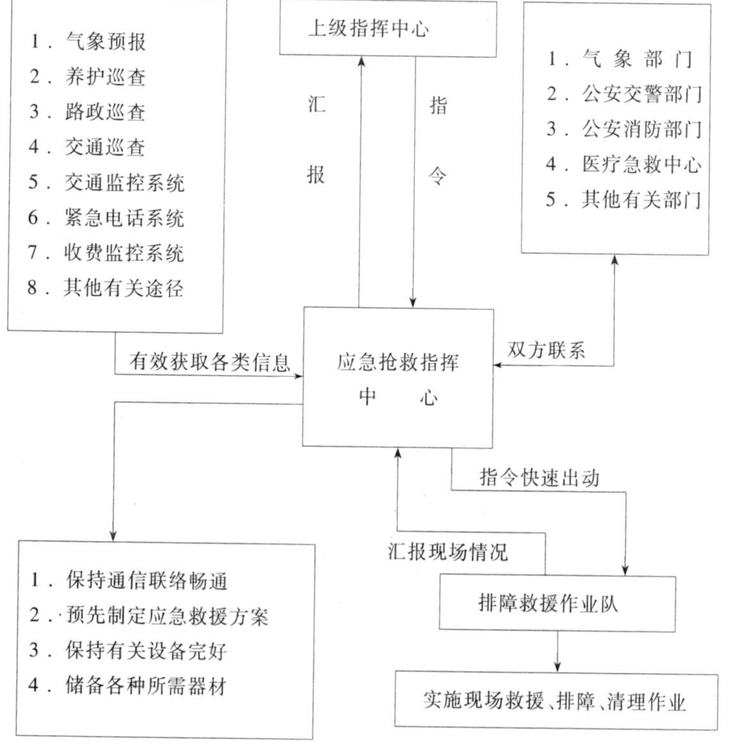

图 5.2.4　应急抢险机制及功能框图

5.2.5　除雪和防冻

1　严寒地区的除雪和防冻是路面冬季养护的重点，应根据当地历年气象记录资料、气象预测资料、路面结构、沿线条件等，事先制定切合实际情况的除雪和防冻工作计划，制定适用于各种不同的气温、降雪量和积雪深度条件下的除雪和防冻作业规程，落实相应的除雪、防冻作业人员和机具设备，并按实际需要储备防冻、防滑材料。

在严寒降雪季节到来后，应随时监测气象变化情况，一旦降温、降雪，立即按计划部署相应的除雪和防冻作业，特别注意桥面、坡道、弯道、匝道、收费广场等重点区段,尽量减轻积雪和冰冻对行车安全造成的危害,缩短影响正常交通的时间。

2 路面除雪应以机械作业为主,人工作业为辅。在降雪过程中,当路面积雪厚度超过1cm时,即可开始除雪作业。一般以铲为主,除雪机械的作业方向宜与正常行车方向相同,行驶速度为30~50km/h。从路面左侧向右侧依次进行。当降雪量较大,难以在降雪过程中清除全部积雪时,应在雪停后及时清除路面全部积雪。

3 当路面上的压实雪、融化的雪水、未及排除的雨水可能形成冰冻层时,应及时采取防冻防滑措施。

当气温低于0℃时,在大、中型桥面、桥头引道纵坡大于2.5%的路段或平面曲线半径小于500m的匝道范围内,应撒布盐、盐水、盐砂混合料或其他融雪剂等防冻防滑材料。撒布的时间和频率宜与除雪作业同步。待雪停后,应将残留在路面上的防冻防滑材料与积雪一并清除干净。

4 除雪和防冻作业应不分昼夜快速进行,作业现场必须实行统一指挥,并落实与作业形式相适应的安全作业措施和交通控制措施。

6 常见病害的维修

6.1 一般要求

6.1.1 对各种路面病害应分析其产生的原因,并根据路面的结构类型、设计使用年限、维修季节、气温等实际情况,采取相应维修措施。

6.1.2 为防止病害发展和破损面积的扩大,对病害应及时进行处治。

6.1.3 高速公路和一级公路路面病害的维修应采用机械作业,所使用的沥青混合料应集中厂拌,并采取保温措施。其它等级的公路也应逐步提高维修作业的机械化水平。

6.1.4 对病害的维修事先应有周密的计划,作好材料准备,保证工序之间的衔接,对坑槽、沉陷、车辙等需将原路面面层挖除后进行机械修补作业的病害,宜当日开挖当日修补,并设置警示标志以保证行车安全。

6.1.5 修补面积应大于病害的实际面积,修补范围的轮廓线应与路面中心线平行或垂直并在病害面积范围以外 10~15cm。应采取措施使修补部分与原路面联接紧密。

6.1.6 在病害的处治中,凡需重新作面层的,其技术要求应符合现行《公路沥青路面施工技术规范》(JTJ 032)的规定;凡需重作基层的,其技术要求应符合现行《公路路面基层施工技术规范》(JTJ 034)的规定。

6.2 裂缝的维修

6.2.1 在高温季节全部或大部分可愈合的轻微裂缝,可不加处理。在高温季节不能愈合的轻微裂缝,可采用以下两种方法进行处治：

1　将有裂缝的路段清扫干净并均匀喷洒少量沥青(在低温、潮湿季节宜喷洒乳化沥青)，再匀撒一层 2 ~ 5mm 的干燥洁净石屑或粗砂，最后用轻型压路机将矿料碾压。

2　沿裂缝涂刷少量稠度较低的沥青。

6.2.2　对于路面的纵向或横向的裂缝，应按裂缝的宽度按以下步骤分别予以处治：

1　缝宽在 5mm 以内：

(1)清除缝中杂物及尘土。

(2)将稠度较低的热沥青(缝内潮湿时应采用乳化沥青)灌入缝内，灌入深度约为缝深的 2/3。

(3)填入干净石屑或粗砂，并捣实。

(4)将溢出缝外的沥青及石屑、砂清除。

2　缝宽在 5mm 以上：

(1)除去已松动的裂缝边缘。

(2)用热拌沥青混合料填入缝中，捣实。缝内潮湿时应采用乳化沥青混合料。

6.2.3　因沥青性能不好、或路面设计使用年限较长、油层老化等原因出现的大面积裂缝(包括网裂)，此时如基层强度尚好时，通过技术经济比较，可选用下列维修方法：

1　乳化沥青稀浆封层，封层厚度宜为 3 ~ 6mm。

2　加铺沥青混合料上封层，或先铺设土工合成材料后，再在其上加铺沥青混合料上封层。

3　改性沥青薄层罩面。

4　单层沥青表处。

6.2.4　由于土基、基层强度不足或路基翻浆等引起的严重龟裂，应先处治好基层后再重作面层。

6.3　拥包的维修

6.3.1　属于施工时操作不慎将沥青漏洒在路面上形成的拥包，将拥包除去即可。

6.3.2 已趋于稳定的轻微拥包，应将拥包用机械刨削或人工挖除。如果除去拥包后，路表不够平整，应予以处治。

6.3.3 因面层沥青用量过多或细料集中而产生较严重拥包，或路面连续多次出现拥包且面积较大，但路面基层仍属稳定，则应用机械或人工将拥包全部除去，并低于路表面约 10mm。扫尽碎屑、杂物及粉尘后用热沥青混合料重做面层。

6.3.4 因基层局部含水量过大，使面层与基层间结合不良而被推移变形造成的拥包，应把拥包连同面层挖除，将水分晾晒干，或用水稳定性较好的材料更换已变形的基层，再重作面层。

6.3.5 由于基层局部强度不足或水稳性不好，使基层松软而导致的拥包，应将面层和基层完全挖除。如土基中含有淤泥，还应将淤泥彻底挖除，换填新料并夯实。在地下水位较高的潮湿路段，应采取措施引出地下水并在基层下面加铺一层水稳性好的材料，最后重作面层。

6.4 沉陷的维修

6.4.1 因路基不均匀沉降而引起的局部路面沉陷，若土基和基层已经密实稳定，不再继续下沉，可只修补面层。并根据路面的破损状况分别采取下列处治措施。

1 路面略有下沉，无破损或仅有少量轻微裂缝，可在沉陷处喷洒或涂刷粘层沥青，再用沥青混合料将沉陷部分填补，并压实平整。

2 因路基沉陷导致路面破损严重，矿料已松动、脱落形成坑槽的，应按照 6.8 条坑槽的维修方法予以处治。

6.4.2 因土基或基层结构遭到破坏而引起路面沉陷，应参照上述第 6.3.5 条的要求处治好基层后再重作面层。

6.4.3 桥涵台背因填土不实出现不均匀沉降的，可视情况选择以下处理方法：

1 挖除沥青面层，在沉陷的部分加铺基层后重作面层。

2 对于台背填土密实度不够的，应重新作压实处理，台背死角处的压实宜采用夯实机械。

3 对含水量和孔隙比均较大的软基或含有有机物质的粘性土层，宜采取换土处理。换土深度应视软层厚度而定。换填材料首先应选择强度高、透水性好的材料，如碎石土、卵砾土、中粗砂及强度较高的工业废渣，且要求级配合理。

4 采用注浆加固处理。

6.5 车辙的维修

6.5.1 车道表面因车辆行驶推移而产生的车辙，应将出现车辙的面层切削或铣刨清除，然后重铺沥青面层。在高速公路及一级公路上可采用沥青玛蹄脂碎石混合料（SMA）或SBS改性沥青混合料、或聚乙烯改性沥青混合料来修补车辙。

6.5.2 路面受横向推挤形成的横向波形车辙，如果已经稳定，可将凸出的部分削除，在波谷部分喷洒或涂刷粘结沥青并填补沥青混合料并找平、压实。

6.5.3 因面层与基层间有不稳定的夹层而形成的车辙，应将面层挖除，清除夹层后，重作面层。

6.5.4 由于基层强度不足、水稳性能不好，使基层局部下沉而造成的车辙，应先处治基层。其方法可参照上述第6.3.5条的规定进行。

6.6 波浪与搓板的维修

6.6.1 属于面层原因形成的波浪或搓板可按下述方法进行维修：

1 路面仅有轻微波浪或搓板，可在波谷部分喷洒沥青，并匀撒适当粒径的矿料，找平后压实。

2 波浪（搓板）的波峰与波谷高差起伏较大时，应顺行车方向将凸出部分铣刨削平，并低于路表面约10mm。削除部分喷洒热沥青，再匀撒一层粒径不大于10mm的矿料，扫匀，找平，并压实。

3 严重的、大面积波浪或搓板，应将面层全部挖除，然后重铺面层。

6.6.2 若面层与基层之间存在不稳定的夹层,面层在行车荷载的作用下推移变形而形成波浪(搓板),应挖除面层,清除不稳定的夹层后,喷洒粘结沥青,重铺面层。

6.6.3 因基层局部强度不足,或稳定性差等原因造成的波浪(搓板),应先对基层进行处治,再重作面层。其处治方法可参照上述第6.3.5条的要求。

6.7 冻胀和翻浆的维修

6.7.1 因路基冻胀使路面局部或大面积隆起影响行车时,应将胀起的沥青路面刨平,待春融后按翻浆处理的方法予以处治。

6.7.2 因冬季基层中的水结冰引起冻胀,春融季节化冻而引起的翻浆应根据情况采用以下方法之一予以处治:

(1)换填砂粒;

(2)局部发生翻浆的路段,可采用打石灰梅花桩或水泥砂砾桩的办法予以改善;

(3)加深边沟,并在翻浆路段两侧路肩上交错开挖宽为30~40cm的横沟,其间距为3~5m,沟底纵坡不小于3%,沟深应根据解冻情况,逐渐加深,直至路面基层以下。横沟的外口应高于边沟的沟底。如路面翻浆严重,除挖横沟外,还应顺路面边缘设置纵向小盲沟。交通量较小的路段也可挖成明沟。但翻浆停止后,应将明沟填平恢复原状。

6.7.3 因基层水稳定性不良或含水量过大造成的翻浆应挖去面层及基层全部松软的部分。将基层材料晾晒干,并适当增加新的硬粒料(有条件时应换填透水性良好的砂砾或工业废渣等)。分层(每层不超过15cm)填补并压实。最后恢复面层。

6.7.4 低温季节施工的石灰稳定类基层,在板体强度未形成时雨水渗入,其上层发生翻浆的,应将翻浆部分挖除,重作石灰稳定基层或换用其它材料予以填补,然后重作面层。

6.8 坑槽的维修

6.8.1 路面基层完好,仅面层有坑槽时的维修:

(1)按照"圆洞方补、斜洞正补"的原则,划出所需修补坑槽的轮廓线。

(2)沿所划轮廓线开凿至坑底稳定部分,其深度不得小于原坑槽的最大深度。

(3)清除槽底、槽壁的松动部分及粉尘、杂物,并涂刷粘层沥青。

(4)填入沥青混合料(在潮湿或低温季节,宜采用乳化沥青拌制的混合料)并整平。

(5)用小型压实机具或铁制手夯将填补好的部分压(夯)实。新填补的部分应略高于原路面。如果坑槽较深(7cm 以上),应将沥青混合料分两次或三次摊铺和压实。

(6)热补法修补。采用热修补养护车,将加热板加热坑槽处路面,翻松被加热软化铺装层,喷洒乳化沥青,加入新的沥青混合料,然后搅拌摊铺,压路机压实成型。

6.8.2 对交通量较小的路段在低温寒冷或阴雨连绵的季节,无法采用常规方法,也无条件采用合适的材料修补坑槽时,为防止坑槽面积的扩大,可采取临时性的措施对坑槽予以处治,待天气好转后再按规范要求重新修补。

6.8.3 若因基层局部强度不足等使基层破坏而形成坑槽,应按照6.3.5 条的要求先处治基层,再修复面层。

6.9 麻面与松散的维修

6.9.1 因嵌缝料散失出现轻微麻面,在沥青面层不贫油时,可在高温季节撒适当的嵌缝料,并用扫帚扫匀,使嵌缝料填充到石料的空隙中。

6.9.2 大面积麻面应喷洒稠度较高的沥青,并撒适当粒径的嵌缝料,应使麻面部分中部的嵌缝料稍厚,周围与原路面接口要稍薄,定型要整齐,并碾压成型。

6.9.3 因沥青用量偏少或因低气温施工造成的沥青面层松散,应采用以下方法处治:

1 先将路面上已松动了的矿料收集起来。

2 待气温升至15℃以上时,按0.8~1.0kg/m^2的用量喷洒沥青,再均匀撒上3~6mm的石屑或粗砂(5~8m^3/1000m^2)。

3 用轻型压路机压实。

6.9.4 作稀浆封层处治,对松散路面的处理后,再作稀浆封层。

6.9.5 对于因油温过高,沥青老化失去粘结性而造成的松散,应将松散部分全部挖除后,重作面层。

6.9.6 因沥青与酸性石料间的粘附性不良而造成路面松散。应将松散部分全部挖除后,重作面层。重作面层的矿料不应再使用酸性石料。在缺乏碱性石料的地区,应在沥青中掺入抗剥离剂、增粘剂或使用干燥的生石灰、消石灰、水泥等表面活性物质作为填料的一部分,或采用石灰浆处理粗骨料等抗剥离措施,以提高沥青与矿料的粘附力,并增加混合料的水稳性。

6.9.7 由于基层或土基软化变形而造成的路面松散,应参照第6.3.5条的规定先处理好基层后,再重作面层。

6.10 泛油的维修

6.10.1 只有轻微泛油的路段,可撒上3~5mm粒径的石屑或粗砂,并用压路机或控制行车碾压。

6.10.2 泛油较重的路段,可先撒5~10mm粒径的碎石,用压路机碾压。待稳定后,再撒3~5mm粒径的石屑或粗砂,并用压路机或控制行车碾压。

6.10.3 面层含油量高,且已形成软层的严重泛油路段,可视情况采用下述方法之一进行处治:

(1)先撒一层10~15mm粒径(或更大的)碎石,用压路机将其强行压入路面,待基本稳定后,再分次撒上5~10mm粒径的碎石,并碾压成型。

(2)将含油量过高的软层铣刨清除后,重作面层。

6.10.4 处治泛油应注意以下事项:

(1)处治时间应选择在泛油路段已出现全面泛油的高温季节。

(2)撒料应顺行车方向撒,先粗后细;做到少撒、薄撒、匀撒、无堆积、无空白。

(3)禁止使用含有粉粒的细料。

(4)采用压路机或引导行车碾压,使所撒石料均匀压入路面。

(5)如采用行车碾压,应及时将飞散的粒料扫回,待泛油稳定后,将多余浮动的石料清扫并回收。

6.11 脱皮的维修

6.11.1 由于沥青面层与上封层之间粘结不好,或初期养护不良引起的脱皮,应清除已脱落和已松动的部分,再重新做上封层,所做封层的沥青用量及矿料粒径规格应视封层的厚度而定。

6.11.2 如沥青面层层间产生脱皮,应将脱落及松动部分清除,在下层沥青面上涂刷粘结沥青,并重作沥青层。

6.11.3 面层与基层之间因粘结不良而产生的脱皮,应先清除掉脱落、松动的面层,分析粘结不良的原因。若面层与基层间所含水份较多,应晾晒或烘干;若面层与基层之间夹有泥层,则应将泥砂清除干净,喷洒透层沥青后,重作面层。

6.12 啃边的维修

6.12.1 因路面边缘沥青面层破损而形成啃边应将破损的沥青面层挖除,在接茬处涂刷适量的粘结沥青,用沥青混合料进行填补,再整平压实。修补啃边后的路面边缘应与原路面边缘齐顺。

6.12.2 因基层松软、沉陷而形成的啃边,应先对路面边缘基层局部加强后再恢复面层。

6.12.3 应加强路肩的养护工作,保持路肩稳定;随时注意填补路肩上的车辙、坑洼或沟槽;经常保持路肩与路面衔接平顺,并保持路肩应有的横坡,以利排水。

6.12.4 为防止路面出现啃边,宜采取以下措施:

(1)用砂石、碎砖(瓦)、工业废渣等改善、加固路肩或设硬路肩,使路肩平整、坚实。

(2)可在路面边缘增设路缘石,或将路面基层加宽到其面层宽度外 20~25cm 处。

(3)在平交道口或曲线半径较小的路面内侧,可适当加宽路面。

6.13 磨光的维修

6.13.1 高速公路、一级公路抗滑能力降低已磨光的沥青面层,可用路面铣刨机直接恢复其表面的粗糙度。

6.13.2 路面石料棱角被磨掉,路面光滑,抗滑性能低于要求值时,应加铺抗滑层。

6.13.3 对表面过于光滑,抗滑性能特别差的路段,应作罩面处理。

(1)可以采用拌和法或层铺法施工的单层表面处治,也可以采用乳化沥青稀浆封层。

(2)罩面前,应先处治好原路面上的各种病害,若原路表有沥青含量过多的薄层,应将其刮除掉后洒粘层油。罩面及封层的技术要求应符合现行《公路沥青路面施工技术规范》(JTJ 034)的规定。

6.14 桥面沥青铺装的养护与维修

6.14.1 经常保持桥面的清洁,及时清除各种污物、积水、积雪和冰块,疏通桥面泄水孔。冬季必要时应撒铺防冻、防滑材料。

6.14.2 桥面沥青铺装出现的各种病害,经检查确系不是由桥梁结构破坏而引起的沥青面层损坏,应按上述有关病害的处治方法进行。

6.14.3 当沥青铺装中的防水层被破坏时,宜采用与原防水层相同的材料与结构予以修复。

7 罩　面

7.1 一般规定

7.1.1 罩面类型

沥青路面罩面按其使用功能划分为普通型罩面(简称罩面),防水型罩面(简称封层)和抗滑层罩面(简称抗滑层)三种。

7.1.2 适用范围

罩面主要适用于消除破损、完全或部分恢复原有路面平整度、改善路面性能的修复工作;

封层主要适用于提高原有路面的防水性能、平整度和抗滑性能的修复工作;

抗滑层主要适用于提高路面抗滑能力的修复工作。

7.1.3 材料要求

1 罩面

(1)罩面的结合料宜使用性能较好的粘稠型道路石油沥青、乳化石油沥青、改性乳化沥青、改性沥青。

(2)矿料的选择宜采用耐磨、强度高的石料。

(3)高速公路、一级公路宜采用中粒式、细粒式密级配沥青混凝土或沥青玛蹄脂结构。

二级或二级以下公路可采用热拌沥青碎石混合料结构。三级或三级以下公路可采用沥青表面处治层结构。

(4)所采用的结合料、矿料、沥青混合料的规格、各项技术指标要求符合《公路沥青路面施工技术规范》(JTJ 032)或其他有关规范的规定。

2 封层

(1)封层的结合料宜采用乳化石油沥青、改性乳化石油沥青。

(2)矿料宜选用耐磨、强度高的石料。

(3)各种结合料、矿料、填料及乳化沥青混合料的各项技术指标要求应符合《公路沥青路面施工技术规范》(JTJ 032),《公路改性沥青路面施工技术规范》(JTJ 036)的规定。

(4)高速公路、一级公路可采用沥青稀浆封层养护,但宜使用粗粒式改性乳化沥青混合料。其它等级公路可采用乳化沥青混合料。

3 抗滑层

(1)应选用适合铺筑抗滑表层的材料和沥青混合料。

(2)高速公路、一级公路宜选用重交通道路石油沥青、改性石油沥青、改性乳化石油沥青作为结合料。

(3)应选用抗滑、耐磨的石料,磨光值应大于42。

(4)所用的各种材料和沥青混合料的技术指标要求应按《公路沥青路面施工技术规范》(JTJ 032)、《公路改性沥青路面施工技术规范》(JTJ 036)中有关对抗滑表层方面的要求执行。

7.1.4 厚度要求

1 罩面

罩面厚度应根据所在路段的交通量、公路等级、路面状况、使用功能等综合考虑确定。

(1)当路面状况指数、行驶质量指数在中、良等级,路面仅有轻度网裂时,可采用较薄的罩面层厚(1.0~3.0cm)。

(2)当路面破损、平整度、抗滑三项指标都在中等以下,又要求恢复到优、良等级时,应采用较厚的罩面层厚(3.0~5.0cm)。

(3)高速公路、一级公路罩面宜采用4.0~5.0cm的厚度;其他公路可采用较薄的罩面层厚度(1.0~4.0cm)。

(4)各级公路的罩面层厚度不得小于最小施工层厚度。

2 封层

(1)交通量较大、重型车较多的路段宜采用厚约1.0cm封层。

(2)在中等交通量路段宜采用厚约0.7cm封层。

(3)在交通量小、重型车少的路段宜采用厚约 0.3cm 封层。

3 抗滑层

(1)用于高速公路、一级公路时宜采用不小于 4.0cm 的厚度。

(2)用于二级公路宜用中粒、细粒式沥青混凝土结构,也可采用热拌沥青碎石或沥青表面处治结构,厚度不得小于最小施工层厚度。

(3)用于三、四级公路时可采用乳化沥青封层结构,厚度可为 0.5~1.0cm。

7.2 罩面施工

7.2.1 沥青路面罩面的施工

沥青路面罩面的施工,除应按《公路沥青路面施工技术规范》(JTJ 032)有关规定执行外,还应按下列要求进行:

1 对确定罩面的路段,在罩面前必须完成翻浆、坑槽、严重裂缝、沉陷、拥包、松散、车辙等病害的修复工作,并清除路面上的泥土杂物。

2 根据施工气温、旧沥青路面状况等因素采取相应施工工艺措施,罩面前必须喷洒粘层沥青,确保新老沥青层结合,沥青用量为 0.3~0.5kg/m^2,裂缝及老化严重时宜为 0.5~0.7kg/m^2。有条件时,洒粘层沥青前最好用机械打毛处理。

3 罩面不应铺在逐年加厚的软沥青层上,也不应铺在和原沥青路面结合不好、即将脱皮的沥青罩面薄层上,应将其铲除,整平后,再进行罩面。

4 当气温低于 10℃或路面潮湿时,不得浇洒粘层沥青,不得摊铺沥青罩面层。

7.2.2 采用乳化沥青稀浆封层时,除应按《公路沥青路面施工技术规范》(JTJ 032)有关规定执行外,还应按如下要求进行:

采用乳化沥青稀浆封层时,必须有固定的专业人员、固定的专业乳液生产和施工(撒布、摊铺)设备、专职的检测试验人员,并按有关规定标准进行检测和质量控制。稀浆封层撒布机在使用前,应根据稀浆混合料配合比设计，对骨料、乳液、填料、加水量进行认真调试，调试稳定后，方可正式摊铺。

7.2.3 抗滑层的施工：

抗滑层应按《公路沥青路面施工技术规范》(JTJ 032)有关规定进行施工。

7.3 施工质量管理与检查验收

7.3.1 沥青路面罩面的施工质量管理与检查验收，应遵照《公路沥青路面施工技术规范》(JTJ 032)、《公路改性沥青路面施工技术规范》(JTJ 036)有关规定执行。

7.3.2 使用乳化沥青、改性乳化沥青作结合料时，其乳液、稀浆混合料的质量检验要求按《公路沥青路面养护技术规范》(JTJ 032)、《公路改性沥青路面施工技术规范》(JTJ 036)等规范的规定进行。

7.3.3 罩面层、封层、抗滑层施工验收评定标准，可按《公路沥青路面养护技术规范》(JTJ 032)、《公路改性沥青路面施工技术规范》(JTJ 036)等规范规定执行。

8　翻修与再生利用

8.1　翻　　修

8.1.1　路面破损严重，采用罩面等养护方法不能使路面恢复良好的工作状态时，为保证必要的服务功能，应进行翻修。

8.1.2　翻修前，应对需要翻修路段的路面结构、路基土特性和交通量等进行调查分析，并按本规范第9章或《公路沥青路面设计规范》(JTJ 014)的规定进行结构厚度设计。

8.1.3　翻修面层时可按下列步骤进行：

(1)根据调查分析资料或厚度设计需要翻修部分或全部沥青层时，宜采用铣刨机进行铣刨作业，按预定翻修厚度正确铣刨，应避免损坏完好的下面层或基层。如局部翻修的面积较小，可采用小型机械或人工翻挖。对铣刨后的旧料应避免泥土或其他杂质混入并及时收集，运送至沥青拌和厂(场)用于再生沥青混合料。

(2)清扫碎屑、灰尘后，下层表面浇洒0.3~0.6kg/m^2粘层沥青；与不翻修路段接界的原路侧壁涂刷0.3kg/m^2左右粘层沥青。

(3)采用与原沥青层相同或按设计要求的材料和厚度进行铺筑。

(4)用压路机进行碾压密实。如是采用热拌沥青混合料铺筑时，压实后对与不翻修路段的接缝采用热烙铁烫边封密。

(5)开放交通后应根据具体情况做好初期养护工作。

8.1.4　面层、基层同时翻修时应按下列步骤进行：

(1)可先将沥青面层铣刨后翻挖基层，也可采用合适的破碎机具将路面破碎；沥青面层的翻修范围应超出基层翻修范围的边缘线30cm左右，以使基层、面层接缝错开。

(2)将沥青旧料收集运送后,才可清除基层材料。应避免两种材料混杂,影响旧料的再生利用。

(3)避免雨天翻修,必要时在路肩处布置盲沟,防止路床积水。

(4)整平路基表面并经碾压后,采用与原路段相同或符合设计要求的基层材料进行铺筑,每层压实厚度应不大于 20cm;当翻修面积小,压路机难以碾压时,可采用小型振动压路机或振动夯板压实,但每层压实厚度应不大于 15cm。

(5)当基层稳定并达到要求强度后,浇洒 0.7 ~ 1.1kg/m^2 透层沥青,与不翻修路段接界的原路侧壁涂刷 0.3kg/m^2 左右粘层沥青。采用与原路段相同或符合设计要求的材料铺筑面层。

(6)开放交通后应根据具体情况作好初期养护工作。

8.1.5 如路基软弱导致路面损坏时,应对软弱路基采取有效措施处理达到质量标准后再修筑基层、面层。

8.2 再生利用

8.2.1 再生沥青混合料的拌制一般分为热拌和冷拌两种。热拌再生沥青混合料是旧料、新矿料、再生剂与新沥青在热态下拌和而成;冷拌再生沥青混合料是旧料、新矿料、再生剂与乳化沥青在常温下拌和而成。热拌再生沥青混合料强度高,路用性能良好。冷拌再生沥青混合料成型期较长,强度相对较低。

8.2.2 热拌再生沥青混合料一般适用于翻修养护工程,可用于一、二、三级公路的中、下面层,以及四级公路的面层。对于一级、二级及三级公路的上面层,以及高速公路中、下面层,必须经试验、总结、评定合格后才能使用。冷拌再生沥青混合料一般适用于翻修养护的四级公路的路面。

8.2.3 旧料是沥青路面翻修时所得的面层材料。翻挖路面时可采用机械、人工或两种方式联合进行作业。其质量应符合下列要求:

1 旧料必须洁净,不得混入有机垃圾。混入无沥青粘结的砂石料的比例不得大于 10%,含泥量不得大于 1%。

2 块状旧料可采用机械轧碎或人工敲碎。

3 破碎后的旧料最大粒径按用途确定。用于粗粒式再生沥青混合料时,最大粒径为 26.5mm 或 31.3mm(方孔筛)、用于中粒式再生沥青混合料时,最大粒径为 16mm 或 19mm(方孔筛)、用于细粒式再生沥青混合料时,最大粒径为 9.5 mm 或 13.2mm(方孔筛)。

4 破碎后的旧料应按质量分类堆放在平整、坚实和排水良好的场地。堆放高度以不结块为度,一般小于 1.5m。

8.2.4 根据地区使用条件和公路等级与旧沥青性能可对旧料掺入适用的再生剂。适用的再生剂有:机油、润滑油、抽出油和玉米油。再生剂的性能和储放应符合下列要求:

1 应具有较强的渗透和软化能力,以降低旧沥青粘度,达到要求的针入度。

2 能与旧沥青互溶,使之和新沥青均匀地混合成一体。

3 能调节旧沥青的成份,达到路用沥青的质量要求,有较好的抗老化性能。

4 再生剂应储存在有盖的容器中,防止水和垃圾等杂质混入。储存和使用必须满足防火要求。

8.2.5 用于再生沥青混合料的新沥青和乳化沥青的类型和标号可根据公路等级、用途和当地气候条件选定,它的质量应符合本规范第 3 章的规定。

8.2.6 用于再生沥青混合料的粗、细集料应具有足够强度,与沥青粘附性良好,并无风化和杂质,颗粒形状接近立方体,其他质量要求应符合本规范第 3 章的规定。

8.2.7 热拌再生沥青混合料配合比应按下列步骤进行设计

1 旧料分析与新旧沥青掺配

(1)将破碎后的旧料按《公路工程沥青与沥青混合料试验规程》(JTJ 052,T 0723)规定的方法作抽提分析,计算旧沥青含量和旧矿料的颗粒组成。

(2)对被抽提出来的旧沥青溶液按《公路工程沥青与沥青混合

料试验规程》(JTJ 052,T 0726)规定的方法回收旧沥青,测定旧沥青的针入度、延度和软化点。

(3)当旧沥青老化严重、针入度较小时,须掺入再生剂,掺量以达到本地区要求的沥青稠度为准。

(4)将含有再生剂的旧沥青掺入符合质量要求的新沥青,测定针入度、延度和软化点等质量指标。

(5)按本规范第3章沥青材料质量的技术要求,确定新、旧沥青掺配比例。如经反复试验,调整新、旧沥青掺配比例仍达不到质量要求时,该旧沥青不能用于再生沥青。

2 根据第8.2.7款1确定的新、旧沥青掺配比例,选定新矿料与旧料的配合比,并根据新矿料的颗粒组成,按附录E表E.0.1、E.0.2计算新矿料的用量。

3 对破碎的旧料先按第8.2.7款1确定的再生剂用量进行喷洒拌和后按第8.2.7款2确定的再生沥青混合料级配并根据本地区经验初定混合料的沥青用量,扣除旧料的旧沥青含量后作为新沥青用量的中值,每次增减0.5%新沥青用量制备混合料试件进行马歇尔试验,根据试验结果和附录E表E.0.3的马歇尔试验技术标准确定再生沥青混凝土的最佳沥青用量。在路面铺筑过程中,如材料发生变化,抽检的马歇尔试验结果未达到附录E表E.0.3的技术标准时,应调整新旧料比例或新沥青用量。

8.2.8 热拌再生沥青碎石的沥青用量可根据本地区经验或通过试验确定;冷拌再生沥青混合料的级配和乳化沥青用量可按乳化沥青路面实践经验确定。

8.2.9 热拌再生沥青混合料可采用间歇式拌和机或连续式拌和机拌制,应按下列工艺进行拌和:

1 当旧沥青混合料需要掺入再生剂时,应先将破碎后的旧料按用量喷洒,并拌和均匀,堆放时间以再生剂充分渗透到旧沥青为度,堆放高度宜不超过1.5m,避免结块。

2 当采用间歇式拌和机拌制时,新集料加热温度应高于普通沥青混合料的集料加热温度,但不宜超过230℃。旧料不得进入烘干筒,按配合比设计用量经计量后直接进入拌缸,与新集料相混合,通过热交换使旧集料升温、旧沥青热融,干拌 15s 左右后,加入新沥青再拌和 30~45s,拌和时间以新、旧料混合均匀,混合料颜色均匀、无花白为准。再生沥青混合料出厂温度为 140~160℃。

3 间歇式拌和机热拌再生沥青混合料的拌和宜按图 8.2.9 工艺流程进行拌制。

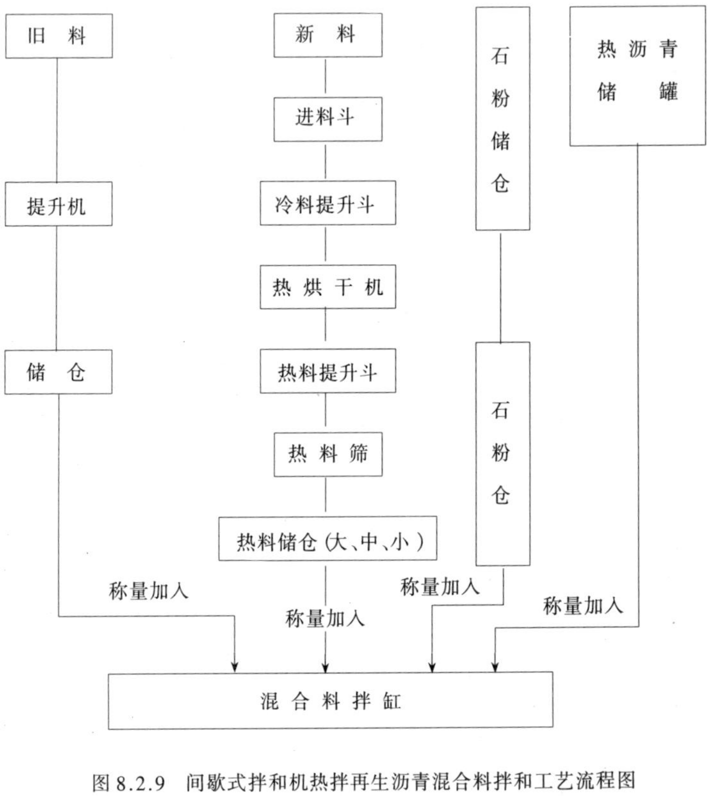

旧料
提升机
储仓
新料
进料斗
冷料提升斗
热烘干机
热料提升斗
热料筛
热料储仓(大、中、小)
石粉储仓
石粉仓
热沥青储罐
称量加入
称量加入
称量加入
称量加入
混合料拌缸

图 8.2.9 间歇式拌和机热拌再生沥青混合料拌和工艺流程图

4 当采用连续式拌和机拌和时,必须避免旧料被明火烧焦。宜在筒体中部进料口输入旧料,并设置挡板遮挡火焰;如旧料与新集料在筒体始端同一料口输入筒体时,可先对旧料喷洒适量水分,旧料总含水量宜不超过3%。拌和后的再生沥青混合料色泽应均匀一致,出厂温度为140℃~160℃。

8.2.10 冷拌再生沥青混合料宜采用机械拌和。受条件限制时也可采用人工拌和。

8.2.11 再生沥青混合料的运输、施工和质量管理等技术要求应符合现行规范《公路沥青路面施工技术规范》(JTJ 032)的规定。

9 补　　强

9.1 补强设计

9.1.1 在现有的公路等级不变的情况下,沥青路面因损坏严重、强度系数(SSI)不符合要求,应进行路面补强;同时补强也适用于因公路等级提高而进行的改建工程。补强应符合下列一般要求:

1 对原有沥青路面必须作全面的技术调查和方案比较。

2 补强设计应综合考虑由补强厚度导致的纵坡与横坡的调整、以及与路面结构物的连接等方面的相互协调,使纵坡线形符合《公路工程技术标准》(JTJ 001)的要求。若线形不符合《公路工程技术标准》(JTJ 001)的规定,应改建线形,使其符合《公路工程技术标准》(JTJ 001)后再进行补强设计。

3 补强设计中应考虑补强结构层与原路面结构的联结问题。

9.1.2 沥青路面补强层材料的类型及结构形式的选择

1 沥青路面补强层材料类型按《公路沥青路面设计规范》(JTJ 014)的规定进行选取。

2 路面补强结构形式的选择

(1)对于高速、一级和二级公路的补强,宜采用半刚性基层加沥青混合料面层的结构形式。

(2)对于三级公路的补强,在不提高公路等级的情况下,可采用单层或多层补强结构;对于提高公路等级的情况,宜采用半刚性基层加沥青混合料面层的补强结构形式。

(3)对于四级公路的补强,可采用单层或多层的补强形式。

9.1.3 原有公路的技术调查

1 调查原有公路路况,如路面的破损及病害的情况和程度、

路表面排水(积水)状况、积雪(砂)状况等,路肩采取的加固措施等;

2　调查原有路面设计、施工、养护的技术资料及从使用开始至改建的年限、使用效果等;

3　调查年平均双向日交通量、交通组成和交通量增长率等;

4　调查路基和路面的宽度、路线纵坡、路面横坡、平曲线半径等;每500m一断面,测定其原有路面结构层的厚度、各层材料的回弹模量及路基干湿类型,如路面宽度大于等于7m每个断面选二个点,不足7m选一个点;对沥青面层、基层和底基层材料应按层取样试验,判断其结构层或材料是否还可以利用;

5　原有公路的分段及弯沉调查按《公路沥青路面设计规范》(JTJ 014)的有关规定进行。

9.1.4　对原有公路的处理

1　原有公路路拱不符合《公路工程技术标准》(JTJ 001)时,应结合补强设计,对路拱进行调整,使其符合规定。

2　对原路面的病害,应视其层位、严重程度和范围,按本规范第6章的有关规定进行处理。若面层有病害,可直接处理后进行补强;若基层有病害,应先开挖面层对基层进行处理后,再进行补强。

9.1.5　与桥涵的衔接

路面补强路段内若有桥涵等构造物,在补强前应对其铺装层进行检查。若原有铺装层出现破损,应及时修复。若原有铺装层完好,可在桥涵构造物的承载能力范围内,适当加铺新的铺装层。

为保证路面与桥涵顶面的纵坡适顺,应综合考虑和重新设计路线纵坡。路面的补强可从桥涵两侧的搭板外开始设计和施工,衔接点即为搭板两侧的端点,以衔接点的标高作为控制标高。对于无搭板的情况,衔接点设在桥涵台背两端外10m处。设计时要注意路面与桥涵构造物的衔接应保证路线纵坡顺适。在衔接点处路面补强结构的施工可视设计标高的情况向下开挖原有路面结构层,以重新铺筑补强结构层。

9.1.6 补强设计中，补强层材料设计参数的选择按新建路面材料设计参数的选择方法进行，原有路面的整体强度以当量回弹模量表示。补强设计步骤、路面的分段和各路段的计算弯沉值的计算、原有路面当量回弹模量及补强厚度的计算应参照《公路沥青路面设计规范》(JTJ 014)的有关规定进行。

9.2 路面补强施工

9.2.1 沥青路面补强层原材料应符合本规范3.3节的要求，混合料的组成设计应符合《公路沥青路面设计规范》(JTJ 014)和《公路路面基层施工技术规范》(JTJ 034)规定的要求。

9.2.2 除应满足《公路沥青路面设计规范》(JTJ 014)和《公路路面基层施工技术规范》(JTJ 034)的有关规定外，沥青路面补强还应做好下列工作：

1 原有路面技术状况不良时，应按下列要求处理：

(1)平整度或路面横坡不符合规定要求时，应加铺整平层，或在加铺补强层时，同时找平或调整路面横坡。对三、四级公路，必要时可将原路面翻松6~8cm，重新整形后调整。

(2)对原有路面出现的各种病害，应根据产生的原因，采取有效的处理措施后再铺筑路面基层。

(3)排水不良路段，应采取加深边沟、设置盲沟、渗井或设隔水层等措施进行处理。

2 应采取浇洒透层油或粘层油等措施使新旧结构层联接良好，并保证结构层满足最小厚度的要求。

3 为使路面边缘坚实稳定，基层应比面层宽出20~25cm或埋设路缘石。路肩过窄路段，应先加宽路基达到标准宽度，或采用护肩石的方法，再加宽基层。

4 用砂石路面作沥青路面的基层时，在干燥地带可适量掺入粗骨料(应按旧路面的细料含量而定)；在中湿、潮湿地带宜将基层翻松，再掺入适量的石灰，碾压密实，并做好排水设施。

5 挖除面层或基层时，应尽量做到再生利用，旧料应按本规范第 8 章再生利用的要求分类收集和存储。

9.2.3 补强施工,按现行《公路路面基层施工技术规范》(JTJ 034)和《公路沥青路面施工技术规范》(JTJ 032)的有关规定进行施工。

9.2.4 沥青路面补强施工应切实做好施工的质量管理和控制。质量管理和控制应参照《公路路面基层施工技术规范》(JTJ 034)、《公路沥青路面施工技术规范》(JTJ 032)和《公路工程质量验收评定标准》(JTJ 071)的技术规定执行。

10 加　　宽

10.1 加宽设计

10.1.1 沥青路面加宽的基本要求

1 沥青路面加宽方案应根据原有公路等级、线形及交通量等确定。如原有公路线形不需改善,且路基较宽,加宽后路肩宽度符合《公路工程技术标准》(JTJ 001)时,可在原公路的基础上直接加宽;如原有公路因线形较差而需改善,设计时应尽可能利用原有的沥青路面,在此基础上先加宽路基,再加宽路面。

2 若路面的横断面为整体断面形式,加宽的沥青路面宜采用压实性、水稳性均较好的材料作基层。结构宜与原有沥青路面相近,加宽部分的基层强度应不低于原有沥青路面的基层强度。若加宽部分的路面横断面形式为分离式,加宽部分所用的结构和材料可不同于原路面。对加宽部分按新建路面进行调查、设计。加宽部分的路基强度和稳定性及路面厚度应按《公路路基设计规范》(JTJ 013)和《公路沥青路面设计规范》(JTJ 014)的规定进行计算确定。

3 路面加宽前,应对原有路面作全面的调查。

4 加宽时必须处理好新路面与原路面的纵横向衔接, 对于软土地基高路堤加宽时还应对新路基进行加固处理,待固结沉降稳定后方可进行加宽施工,避免加宽路面出现非均匀沉降。

5 若路基加宽宽度小于 1m 时,加宽的路面或基层压实质量不好控制,则宜采用单侧加宽的方式;单侧加宽也包括因线形的约束只能在一侧进行加宽的处理情况。单侧加宽时必须调整原有路面的路拱横坡。

6　加宽路面处于路线平曲线处，均应按《公路工程技术标准》(JTJ 001)的规定根据需要设置相应的超高和加宽，如原来未设置的，也应结合加宽设计补设。

7　加宽以后的路基应保证原有路面排水系统的完善；在必要时要对原有路面的排水系统进行重新设计和施工。

8　加宽路面的基层和面层材料须进行试验和配合比设计，试验方法和配合比设计方法应符合《公路沥青路面施工技术规范》(JTJ 032)和《公路路面基层施工技术规范》(JTJ 034)的有关规定。

9　处于特殊地区的公路加宽，应采取措施对原地面进行处理，使其具有足够的强度和稳定性。具体方法应参照《公路路基设计规范》(JTJ 013)和《公路路基施工技术规范》(JTJ 033)的有关规定。

10.1.2　沥青路面基层的加宽

1　基层加宽前应对原有路面进行详细调查和测定，调查和测定的方法可参照本规范第9.1.3条的规定执行。

2　设计时应注意以下几点：

(1)基层加宽部分的处理：加宽部分应按新路基设计，即将原路面分段实测的计算弯沉值 L_0，作为加宽部分的设计弯沉值；根据调查测验的土质和路基干湿类型确定土基的回弹模量 E_0；依据不同材料的模量按新建路面的设计方法设计加宽部分的基层厚度，使其强度不低于原有路面整体强度。

(2)计算路面基层厚度时，依据已定设计弯沉值，采用《公路沥青路面设计规范》(JTJ 014)的方法进行计算。

(3)砂石路面作为路面基层时，如其强度和水稳性不足，应进行补强设计。中湿、潮湿路段，应铲除砂土磨耗层。对原有路面的病害或破损应采取措施进行处治。

3　基层同时加宽、补强时应符合下列要求：

(1)对原路面应进行全面的技术调查，逐段分析其技术状况，并根据有关加宽和补强的要求，综合考虑路线纵坡、与桥涵通道等构造物的衔接、路基的防护与加固、路面排水系统、环境保护、绿化等因素,再进行设计。设计应符合相关规范的技术规定。

(2)原路基宽度符合要求,路面宽度不够时,宜在两侧加宽;路基窄,应先加宽路基,再加铺基层。

(3)在原老路上加宽和补强时,因原路面强度低,要首先对其进行全面的处理,使其符合规定的压实要求后再进行加宽和补强;补强部分的设计和施工应符合本规范第9章的规定和要求。

10.1.3 沥青路面双侧加宽

1 加宽前原有路面的调查和测定要求同本规范9.1.3的规定。

2 如原有路面路基较宽,路面加宽后路肩宽度符合《公路工程技术标准》(JTJ 001)时,可直接加宽;如路基较窄,不具备加宽路面条件的路段,应先加宽路基。为使路面边缘坚实,路基比基层应宽出20~25cm,基层应比面层宽出20~25cm,或埋设路缘石。如果施工机械和操作方法能保证路基加宽部分达到规定压实度,可随即加宽路面,否则应待路基稳定后,再加宽路面。

3 路面双侧加宽宜采用两侧相等的加宽方式,如图10.1.3-1所示。

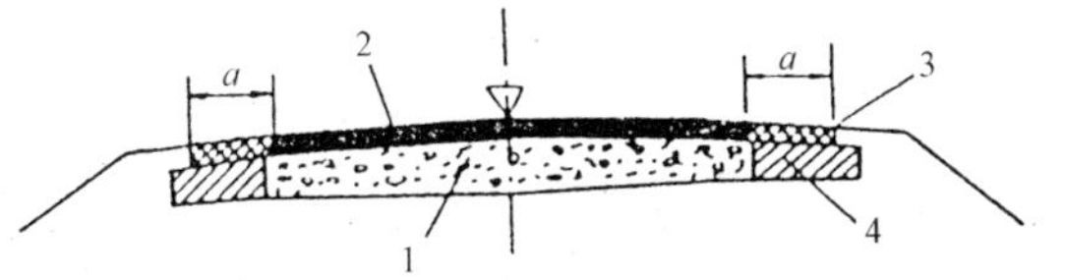

图10.1.3-1 两侧相等加宽路面

1-原基层;2-原路面;3-加宽路面;4-加宽基层

4 对不能采取两侧相等加宽的路面,如两侧加宽宽度差数在1m以下时,不必调整横坡,可按图10.1.3-2所示进行加宽设计。若两侧加宽宽度差超过1m时,必须调整路拱横坡,可按图10.1.3-3所示进行加宽设计。

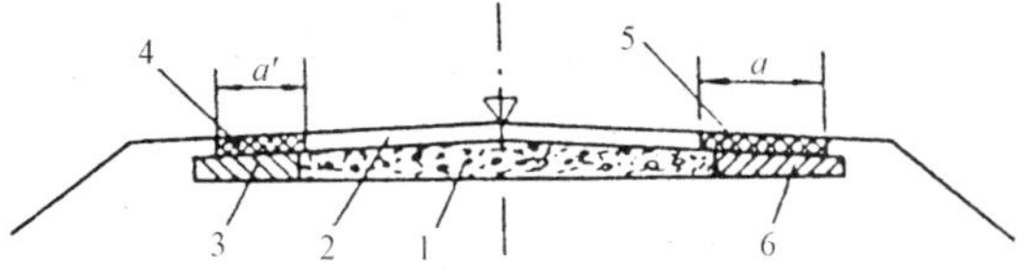

图 10.1.3-2　两侧不相等加宽路面(($a-a'$)＜1m 时不调整路拱)

1-原基层;2-原路面;3-加宽基层较窄;4-加宽面层较窄;5-加宽面层较宽;6-加宽基层较宽

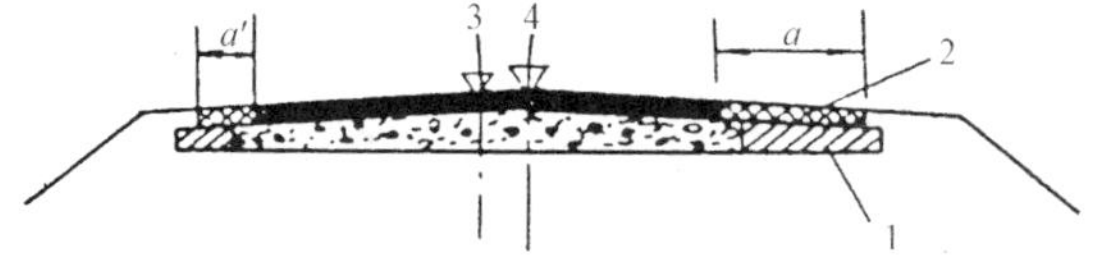

图 10.1.3-3　两侧不相等加宽路面(($a-a'$)＞1m 时必须调整路拱)

1-加宽基层;2-加宽面层;3-原路拱中点;4-新铺路拱中点

10.1.4　沥青路面单侧加宽

沥青路面单侧加宽前原有路面的调查和测定要求同本规范第 9.1.3 条的规定。由于受线型和地形条件限制必须采用单侧加宽时，可采用如图 10.1.4 所示的图示进行加宽设计，加宽一侧须设

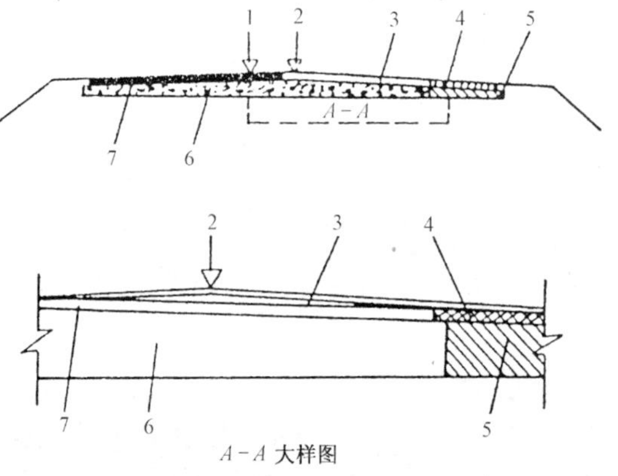

图 10.1.4　单侧加宽路面

1-原路拱中心;2-调拱后中心;3-三角调拱层;4-加宽面层;5-加宽基层;6-旧基层;7-旧面层

置调拱层。调拱层应视所用材料的要求满足一定的厚度规定，以免在加宽面层和旧面层之间形成薄夹层，同时要注意三角调拱层与上下路面结构层的联结。

10.2 路基施工与质量控制

10.2.1 路基施工时所用的填料宜与原路相同或选用水稳性较好的土，并应符合《公路路基施工技术规范》(JTJ 033)、《公路土工试验规程》(JTJ 051)的规定。

10.2.2 路堤加宽一侧填土宽度应大于填土层设计宽度 50cm 以上，压实宽度须超过设计宽度 25cm 以上，最后削坡。对于压路机无法操作的路段，应采用小型机具分层夯实，并达到规定的压实度。为防止新老路基出现不均匀沉降，应沿原路基边坡挖成向内倾斜的台阶，台阶宽度应不小于 1m，以增加加宽部分路基的稳定性。如压路机机械无法操作，应用小型机具夯实至规定的压实度。

10.2.3 路基施工中应做好路基的防护与加固，保证其稳定性，施工完毕后应进行及时养护。路基的防护宜与改善环境、保护生态平衡和搞好公路绿化相结合。

10.2.4 路基施工及质量控制标准应遵照《公路路基施工技术规范》(JTJ 033)和《公路工程质量验收评定标准》(JTJ 071)的技术规定执行。

10.3 基层施工与质量控制

10.3.1 基层加宽施工时，应做好基层接茬处的处理，纵向接茬应与路中线平行。

10.3.2 新旧基层衔接应符合下列要求：

1 基层厚度大于或等于 25cm 时，宜采用相错搭接法，见图 10.3.2-1。搭接长度不小于 30cm，搭接部位应首先采用小型机具夯实至设计规定的压实度，然后再对整个加宽基层采用机械全面压实，压实质量应符合设计要求。压实成型的新基层，应与原路面基层平齐。

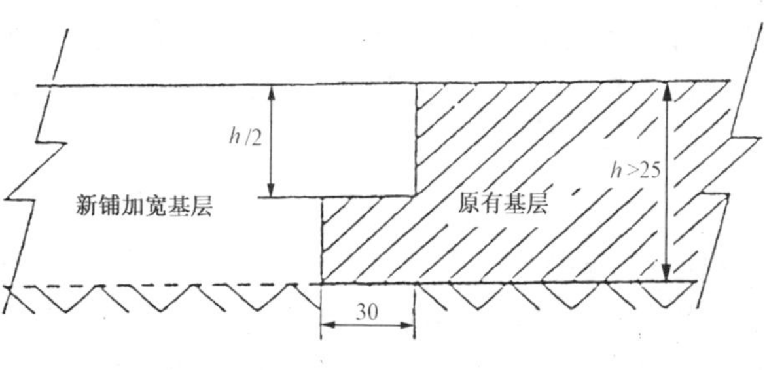

图 10.3.2-1　相错搭接(单位尺寸:cm)

2　基层厚度小于 25cm,宜采用平头接头法,见图 10.3.2-2。新铺筑的基层成型后,应与原路面基层平齐。

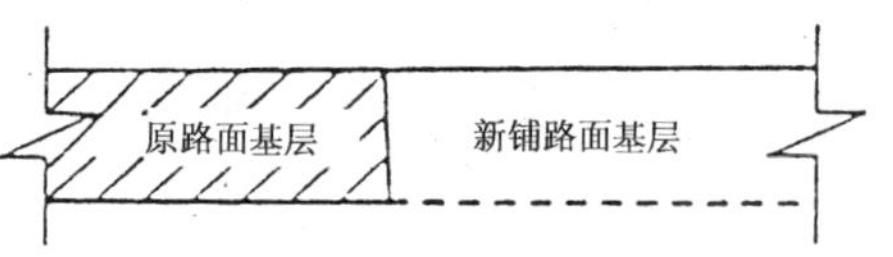

图 10.3.2-2　平头接头(单位尺寸:cm)

3　邻接加宽部位 30cm 的旧面层应予揭掉,如图 10.3.2-3 所

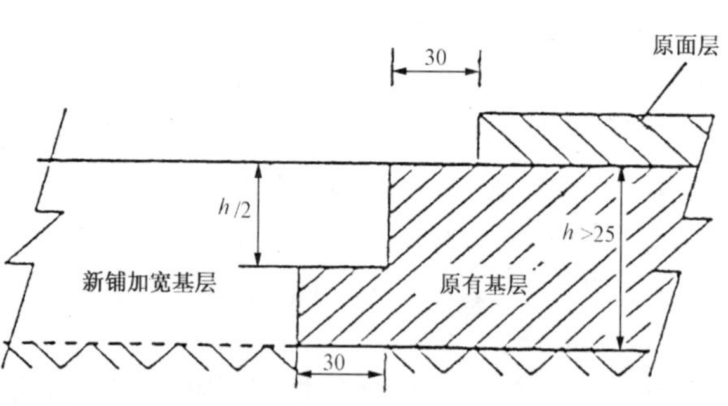

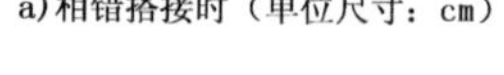
a)相错搭接时（单位尺寸：cm）

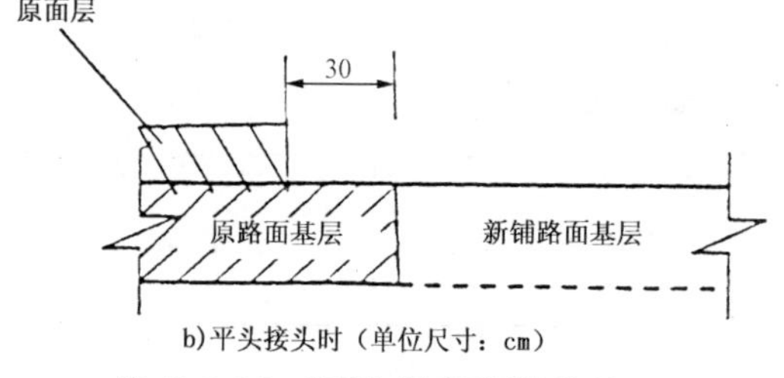

b)平头接头时（单位尺寸：cm）

图 10.3.2-3　基层加宽时面层的处理

示。并使原有沥青路面露出坚硬的边缘,材料不可松动,保持面层边缘垂直,基层顶面应平整。旧基层上的松散浮土、浮石渣应清扫干净,并将其顶面拉毛。

10.3.3 基层若需调拱时,加宽部分与调拱部分应按路面横坡的要求一次调正,整型压实。为了使调拱部分新旧基层结合良好,应将旧面层先铲掉,把原基层拉毛后再与调拱层结合。调拱层的最小厚度应满足《公路沥青路面设计规范》(JTJ 014)的要求,不足时可向下开挖原基层,以保证调拱垫层的最小厚度要求,然后再做面层。

10.3.4 基层施工及质量控制应遵照《公路路面基层施工技术规范》(JTJ 034)和《公路工程质量验收评定标准》(JTJ 071)的技术规定执行。

10.4 面层施工与质量控制

10.4.1 路面面层加宽施工时,应做好面层接茬处的处理,纵向接茬应与路中线平行。

10.4.2 新旧面层衔接应符合下列要求:

1 面层接茬一般应采用毛茬热接的方法:

(1)在基层加宽的基础上将原有沥青路面边缘刨切整齐,使其露出坚硬的垂直边缘,原路面面层和新铺基层的粒料不可松动,并将加宽的基层表面清扫干净。

(2)在接茬处应均匀涂一层粘结沥青,以保证新铺混合料与旧沥青面层更好地粘结。

(3)单层式面层接茬时,混合料摊铺时应与原路面平齐对接,压实后的高度与原路面面层平齐,如图 10.4.2-1 所示。

图 10.4.2-1 单层式面层纵向接茬搭接(尺寸单位:cm)

(4)双层式或多层式面层接茬时，上下层不宜接在同一垂直面上，应错开30cm以上，做成台阶式，加宽后新上面层的压实高度与原路面上面层平齐。如图10.4.2-2所示。

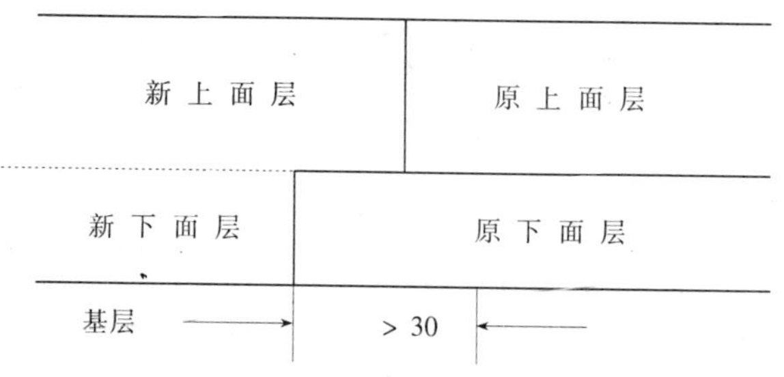

图10.4.2-2　双层式路面面层接茬(尺寸单位：cm)

2　面层接茬部位的施工

(1)接茬部位沥青混合料的摊铺可视路面加宽宽度的情况选择人工摊铺或机械摊铺。采用人工摊铺时，将混合料按松铺厚度摊平，并沿边缘用热沥青混合料覆盖于原有沥青路面边缘预热，随时用小型振动板沿纵向接茬部位向外振动压实沥青混合料，新铺沥青面层可比原有面层略高，最后用重型压路机后轮对新铺面层进行全面碾压，成型的高度应与原有面层平齐。采用机械摊铺法施工时，可直接沿纵向接茬部位机械摊铺碾压，但应注意随时对接茬部位进行整平或补料。

(2)在加宽部位，若原有路面不需调拱，新铺沥青混合料的碾压应从接茬处向外碾压，以便形成设计规定的路拱。若原有路面需要调拱，压实方法同新建沥青路面的有关施工规定。施工完毕，纵向接茬处不应有凹凸不平的表面，应保证接缝位置平顺和具有正确的设计路拱，压实度达到设计规定的要求。

10.4.3　沥青面层的施工及质量控制应遵照《公路沥青路面施工技术规范》(JTJ 032)和《公路工程质量验收评定标准》(JTJ 071)的技术规定执行。

附录 A 公路养护每 100km 机具配备参考表

公路养护每 100km 机具配备参考表 表 A.0.1

项目	机械设备名称	规格	参考配备数量(台、辆)	备注
日常养护机械	割清除草机	$30cm^2/s$,1.84kW	1~3	背携式
	路面划线机	线宽 80~300mm	0.25~0.5	手推式或自行式
	车载升降机	高度 6~8mm	0.5	构造物,沿线设施,行道树用
	除雪机	除雪宽度 2.2m	1~3	根据地区需要配备
	路面清扫车	清扫宽度 2~3m	1~2	或真空吸扫车,按需配备
	洒水车	5000L	2	可带喷药装置
	多功能养护机	26kW	1	按需配置,可换装挖掘,挖护
	推土机(或装载机)	>56kW	—	坑,挖沟等养护作业常用的十多种装置
	水泵	扬程 25m,吸程 6m	0.5	清塌方,堆雪用
	摩托车	三轮	1~2	
	巡路车	3~6 座	2	
路面面层修复机械	路面破碎机械	宽度 0.5~2.1m	1	液压或气压破碎装置
	路面铣刨机	宽度 0.5~1.1m	1	按需配置
	沥青路面加热机	汽车底盘	1	用于热铣或铲油包按需配置

续上表

项目	机械设备名称	规格	参考配备数量(台、辆)	备注
路面面层修复机械	沥青路面综合养护车	汽车底盘	1	具有破碎,洒布,拌和,压实等功能,按需配置
	沥青路面热养护修补车	PM-400-48TRK PM-200-36TLR	2	用于沥青路面坑槽、裂缝、拥包等病害的维修
	沥青洒布机	500~2000L	1	
	沥青洒布车	3500~8000L	0.5	
	稀浆封层机	厚度3~12 mm	0.5	拖式或自行式,按需配置
	沥青混合料摊铺机	宽度2.5~8m	0.25	按需配置
	路缘石成形机	25cm×25cm	0.5	按需配置
	回砂机	宽度1.8~3m	—	
	石屑撒布机	宽度1~3m	0.5	按需配置
	砂浆拌和机	7~12m³/h	0.5	包括钻孔机械,压浆泵等
	装载机	1~2m³	1~3	
	稳定土拌和机	宽度2m	0.5	
压实机械	夯实机械	100~200kg	1~3	平板振动夯或冲击夯
	静作用压路机	4~6t	2	用于日常修补
		8~10t	1	
		12~15t	1	或振动压路机
	轮胎压路机	9~16t	1	
材料准备机械	沥青加热设备	800~1500kg	1	太阳能,远红外加热装置或导热油锅炉
	沥青储罐	200t	1~3	
	沥青混合料拌合机	10~30t/h	0.5~1	
	水泥混合料拌合机	10~25m³/h	0.5	

续上表

项目	机械设备名称	规　　格	参考配备数量(台、辆)	备　　注
	沥青路面旧料再生机械	200kg	1	按需配备
材料准备机械	凿岩机	钻孔深 3 ~ 9m	0.5	配空压机
	碎石机械	8 ~ 10m^3/h	2	或碎石筛分机组,按需配备
	地磅	10 ~ 30 t	0.5	按需配备
	皮带运输机	带宽 500 ~ 800mm	2	
	卷扬机	3 ~ 5 t	1	
	发电机组	30 ~ 75kW	1	按需配备
装运设备	小型拖拉机	< 15kW	3	或翻斗车
	中型拖拉机	< 37kW	1.5	
	大型拖拉机	> 37kW	0.5	或轻型汽车
	自卸汽车	5 ~ 8t	2	
	沥青运输油罐车	5 ~ 10t	1	
	抢险排障车	起吊 5t,拖力 10t	0.5	
	汽车式起重机	5t	0.5	

附录B　交通量观测

B.0.1　公路交通量观测应由县以上公路管理机构负责进行。

公路交通量观测必须保证观测数据的准确性。各级公路管理机构应采取相应措施确保数据准确可靠，并逐步开发应用先进的观测记录手段和数据加工处理软件。

B.0.2　公路交通量观测可分为下列两种：

(1)间隙式观测：按预先确定的观测日期，对交通量进行定期统计观测。

(2)连续式观测：全年分小时连续不断地对交通量进行统计观测，当用自动记录仪观测时，可结合轴载调查按轴重区别车辆类型。

B.0.3　交通量观测方法：用人工或仪器将通过规定观测断面的各种类型车辆分车型记录在表格或记数器具上，每小时终了，应将记录结果整理并登记在规定的表格上。高速公路的交通量观测可结合收费站或监控设施实施观测。

B.0.4　观测站(点)的设置原则应符合下列要求：

1　凡列入管养范围的路段，原则上都应进行交通量观测。观测站(点)的设置应从全局出发，根据公路网布局和所划定的调查区间，分别由省、地(市)级公路管理机构决定。各观测站(点)应进行统一编号，并确定其代码。观测站(点)代码结构为：

G/S/X/Z/C ××× J××× ××(×××)

行政区划代码——G/S/X/Z/C ×××；观测站(点)编号——J×××；路线编号——××(×××)

观测站(点)位置一经设置，不得随意变动。

连续式观测站应设在主要干线和重要旅游公路交通量有代表

性的适当地点，并应注意分布均匀、合理，避免集中在大城市周围。

间隙式观测站应设在调查区间范围能代表所在路段交通量的地点。代表路段可参照表 B.0.4 选定。

代表路段交通量等级 表 B.0.4

分级	一	二	三	四
交通量(辆/B)	≤200	201~500	501~1000	1001~2000
分级	五	六	七	八
交通量(辆/B)	2001~5000	5001~10000	10001~20000	>20000

每个调查区只设一个观测站。当需要对特定地点，如交叉口、重要桥梁、渡口及隧道出入口等进行交通量观测时，可根据使用目的，设立临时补充观测站(点)，待完成观测任务后撤销。

各观测站(点)应选择在视野开阔、且具备观测条件的地点，并应离开市区适当距离，以免受城市交通量的影响。

2 观测站(点)的数量可根据公路里程、路线交通量变化情况，由各省自行决定，并划定调查区间。每省(市、自治区)应在国道上设立若干连续式观测站。

3 各观测站(点)均应配备固定的观测人员：连续式观测站每站或每一个观测断面配 4~8 人，间歇式观测站(点)每站配 1 人，具体人数可视交通量大小确定。补充观测站(点)人数可视观测断面的个数及交通量大小确定。

4 连续式观测站应设立固定的观测房，配备必要的观测设备和工具。间歇式观测站(点)和补充观测站(点)可设置简易观测房(棚)或流动观测车，配备必要的观测设备和工具。

B.0.5 观测时间应符合下列规定：

1 连续式观测时间可从观测站建站开始，连续不断地长期进行。

2 间歇式观测次数因地区而异，一般情况下每月观测 2~3 次。每个观测日连续观测 24h，观测时间一般定为观测日 6 时起至次日 6 时止。为减少观测资料的偶然性，在确定观测日时，应尽量避开法定节假日。

3　在间歇式观测中，观测日若遇地方性集会或一般的雨雪天气，仍应照常进行，但应在附注栏内说明。遇大雪、暴风雪等特殊气候，应改期观测。改期不应超过 3 日，3 日内仍无法补测者，可取消本次观测。由于公路施工等原因阻断交通，短期内不能恢复通车的路段，可停止观测，直到恢复通车后再继续观测，但应在附注栏内说明。

4　夜间交通量稀少的路段及北方严寒季节，在充分积累资料取得昼夜交通量换算系数的情况下，可观测白天 12h 或 16h 的交通量。观测时间一般为 6 时至 18 时或 6 时至 22 时，但应计入推算的夜间交通量。

B.0.6　车辆分类及换算系数

我国公路交通以中型载货汽车（解放 CA—10B 型）为标准车，其他类型的车辆均按表 B.0.6 规定换算为标准车的交通量（程当量交通量）。

车辆分类和换算系数　　表 B.0.6

编号	车辆种类	换算系数	编号	车辆种类	换算系数
1	小型载货汽车（载重小于 2.5t）	1.0	7	小型拖拉机（功率小于或等于 8.8kW）	1.0
2	中型载货汽车（载重 2.5～7t）	1.0	8	大中型拖拉机（功率大于 8.8kW）	1.0
3	大型载重汽车（载重大于 7t）	1.0	9	畜力车（单匹） 双匹及双匹以上	1.0 2.0
4	小型客车（小轿车）、面包车、吉普车、摩托车	0.5	10	人力车	0.5
5	大中型客车（多于 12 座）	1.0	11	自行车	0.1
6	拖挂车（包括集装箱车）	1.5			

B.0.7　交通量观测站（点）对取得的原始观测资料，应及时进行

整理、汇总、计算和分析，上报规定的各类报表和图表。观测记录整理表见表 B.0.7。

B.0.8 路线(全线、路段)平均日交通量的计算公式为：

$$N_{平均} = (N_1 \times L_1 + N_2 \times L_2 + \ldots + N_i \times L_i)/(L_1 + L_2 + \ldots + L_i)$$

$$= \sum_{I=1}^{n} N \times L_I / \sum_{I=1}^{n} L_i \quad (辆/d)$$

式中：$N_{1,2,\ldots i}$——各观测站(点)的交通量(辆/d)；

$L_{1,2,\ldots i}$——各观测站(点)所对应的调查区间(代表路段)长度(km)；

n——观测站(点)的个数。

B.0.9 轴载调查

1 轴载调查目的是为了预测某一时期内行车对路面的破坏作用，以便科学地制定公路养护措施，合理分配公路养护和改造资金。

2 为确保轴载调查的质量，有效利用现有交通量调查资料，轴载调查的车辆分类可在现行交通量调查观察分类的基础上，对每类车辆再分成若干档次。调查时，应按分类分档记录。

3 对每档车辆选取一种车型为该档车的代表车型。根据该代表车型的轴载和作用次数，换算成标准的当量轴次。再根据每类车辆中若干档代表车型换算成标准轴载的当量轴次的总和，即可计算得各类车辆的当量轴载换算系数，然后利用现有的交通量调查资料，换算成标准轴载的当量轴次。

不同路面类型的标准轴载换算系数，按现行的《公路沥青路面设计规范》(JTJ 014)的相应规定办理。

4 轴载调查时宜同时进行客、货装载情况抽样调查。如无条件，则可利用交通量调查中现有的实载率资料。

5 轴载调查以每年一次为宜。每次调查天数可根据每类车辆的代表当量轴载换算系数的稳定性而定，每次不宜少于三天。调查时间应具有代表性。

表 B.0.7

交通量观测站(点)原始记录日整理

路线编号： 观测站(点)编号： 名称： 桩号： 观测日期： 年 月 日 天气情况：

车种 交通量 时序	小型载货汽车	中型载货汽车	大型载货汽车	小型客车	大型客车	客货托挂车		汽车		小型拖拉机	大中型拖拉机	畜力车	人力车	自行车	备注
						托挂车	集装箱车	重型车	合计						
6~7															
7~8															
8~9															
9~10															
10~11															
11~12															
12~13															
13~14															
14~15															
15~16															
16~17															
17~18															
18~19															

续上表

车种 / 交通量 / 时序	小型载货汽车	中型载货汽车	大型载货汽车	小型客车	大型客车	客货托挂车		汽车		小型拖拉机	大中型拖拉机	畜力车	人力车	自行车	备注
						托挂车	集装箱车	重型车	合计						
19~20															
20~21															
21~22															
6~22小计															
22~23															
23~24															
0~1															
1~2															
2~3															
3~4															
4~5															
5~6															
全天合计 绝对															
全天合计 折算															

说明：重型车系指后轴轴载大于 100kN 的车辆，此栏供抽样或典型调查时记录统计。

填表人：

附录C 沥青路面损坏情况调查与计算整理资料

沥青路面损坏情况调查表

表C.0.1

线路编码： 路面宽度： 起讫桩号： 天 气：

路线名称： 路肩宽度：右： 左： 调查日期： 调查人：

起讫桩号	纵裂		横裂		不规则裂缝		龟裂			坑槽		松散		沉陷		车辙		拥包		波浪		脱皮	啃边	麻面	搓板	翻浆	冻胀	泛油	修补损坏面积	磨光
	L	*H*	*L*	*H*	*L*	*H*	*L*	*M*	*H*	*L*	*H*	*L*	*H*	*L*	*H*	*L*	*H*	*L*	*H*	*L*	*H*									
1																														
2																														
3																														
4																														
5																														
6																														
7																														

续上表

起讫桩号	纵裂		横裂		不规则裂缝		龟裂			坑槽		松散		沉陷		车辙		拥包		波浪		脱皮	啃边	麻面	搓板	翻浆	冻胀	泛油	修补损坏面积	磨光
	L	*H*	*L*	*H*	*L*	*H*	*L*	*M*	*H*	*L*	*H*	*L*	*H*	*L*	*H*	*L*	*H*	*L*	*H*	*L*	*H*									
8																														
9																														
0																														
合计																														

沥青路面损坏情况换算汇总表

表 C.0.2

线路编码：　　　　路面宽度：　　　　调 查 者：　　　　复查者：

路线名称：　　　　路肩宽度：右：　　左：　　调查日期：　　计算者：

桩号	纵裂		横裂		不规则裂缝		龟裂			坑槽		松散		沉陷		车辙		拥包		波浪		脱皮	啃边	麻面	搓板	翻浆	冻胀	泛油	修补损坏面积	磨光
	L	*H*	*L*	*H*	*L*	*H*	*L*	*M*	*H*	*L*	*H*	*L*	*H*	*L*	*H*	*L*	*H*	*L*	*H*	*L*	*H*									
	0.2	0.4	0.2	0.4	0.2	0.4	0.6	0.8	1.0	0.8	1.0	0.4	0.6	0.6	1.0	0.4	1.0	0.4	0.8	0.4	0.8	0.6	1.0	0.6	0.8	1.0	1.0	0.1	0.1	0.6
1																														
2																														
3																														
4																														
5																														
6																														
7																														
8																														
9																														
0																														

附录 D 高速公路的巡查

巡查种类	巡查内容	巡查频率	巡查方法	巡查装备
日常巡查	检查沥青路面及附属设施的完好程度,发现各类路面病害及可能诱发病害的因素,发现可能妨害交通的路障	每天一次双向全程	车行为主,人工观测、目测及手工计量,辅以摄影或摄像	有明显标识、装备黄色警示灯的巡查车,摄影或摄像器材,卷尺及检查锤等工具
定期巡查	检查整个养护单元中包括沥青路面在内的全部养护项目	每月一次,双向全程	步行检查路段不少于双向 1km,其余车行。定性与定量观测检查结合,重要情况应予摄影或摄像	同日常巡查,参加人员较多时可再配备一辆普通车辆,但在行驶途中应位于巡查车之前方
特殊巡查	主要是在暴雨、台风。大雾、严重冰冻及其他可能危及沥青路面正常状态或妨碍高速公路正常交通的灾害性气候时进行的巡查,包括防汛防台巡查、雾天巡查、冰雪巡查等	在灾害天气到来之前进行预防性巡查;在灾害性天气中进行应急性巡查;在灾害性天气过后进行补救性巡查	车行为主,巡查车速适当降低,发现异常情况应立即向应急抢险指挥中心报告	巡查车同上,并应配备可靠的通信设备和摄影、摄像器材,夜间巡查时还应配备有效的照明设备
专项巡查	对某些数量较多且危害较大的路面病害,或路面状况发生异常变化的特殊路段进行较为细致的检查	根据实际需要决定	车行与步行结合,定位、定量观测,重要情况应予摄影或摄像	同日常巡查,并备以与检查内容相适应的测量仪器

附录 E　再生沥青混合料级配及技术标准

再生沥青混合料矿料级配及沥青用量范围(方孔筛)　　表 E.0.1

级类		配型	通过下列筛孔(方孔筛,mm)的质量百分率(%)														沥青用量(%)
			53	37.5	31.5	26.5	19	16	13.2	9.5	4.75	2.36	1.18	0.6	0.3	0.15	0.075	
沥青混凝土	粗粒	AC—30I		100	90~100	70~92	66~82	59~77	52~72	43~63	32~52	26~42	18~32	13~25	8~18	5~13	3~7	4.0~6.0
		II		100	90~100	65~85	52~70	45~65	38~58	30~50	18~38	12~28	8~20	4~14	3~11	2~7	1~5	3.0~5.0
		AC—26I			100	95~100	75~90	52~80	53~73	43~63	32~62	25~42	18~32	13~25	8~18	5~13	3~7	4.0~6.0
		II			100	90~100	65~85	52~70	42~62	32~52	20~40	13~30	9~23	6~16	4~12	3~8	2~5	3.0~5.0
	中粒	AC—20I				100	95~100	75~90	62~80	52~72	38~58	28~46	20~34	15~27	10~20	6~14	4~8	4.0~6.0
		II				100	90~100	65~85	52~70	40~60	26~45	16~33	11~25	7~18	4~13	3~9	2~5	3.5~5.5
		AC—16I					100	95~100	75~90	58~78	42~63	32~50	22~37	16~28	11~21	7~15	4~8	4.0~6.0
		II					100	90~100	65~85	50~70	30~50	18~35	12~26	7~19	4~14	3~9	2~5	3.5~5.5
	细粒	AC—13I						100	95~100	70~88	48~68	36~53	24~41	18~30	12~22	8~16	4~8	4.5~6.5
		II						100	90~100	60~80	34~52	22~38	14~28	8~20	6~14	3~10	2~6	4.0~6.0

续上表

级类		配型	通过下列筛孔(方孔筛,mm)的质量百分率(%)															沥青用量(%)
			53	37.5	31.5	26.5	19	16	13.2	9.5	4.75	2.36	1.18	0.6	0.3	0.15	0.075	
沥青碎石	特粗	AM—40	100	90~100	60~80	40~65	30~54	25~30	20~45	13~38	5~25	2~15	0~10	0~8	0~6	0~5	0~4	2.0~4.0
	粗粒	AM—30		100	90~100	50~80	38~65	32~57	25~50	17~42	8~30	2~20	0~15	0~10	0~8	0~5	0~4	2.5~4.0
		AM—25			100	90~100	50~80	43~73	38~65	25~55	10~32	2~20	0~14	0~10	0~8	0~6	0~5	3.0~4.5
	中粒	AM—20				100	90~100	60~85	50~75	40~65	15~40	5~22	2~16	1~12	0~10	0~8	0~5	3.0~4.5
		AM—16					100	90~100	60~85	46~68	18~42	6~25	3~18	1~14	0~10	0~8	0~5	3.0~4.5
	细粒	AM—13						100	90~100	50~80	20~45	8~28	4~20	2~16	0~10	0~8	0~6	3.0~4.5

热拌再生沥青混凝土马歇尔试验技术标准 表 E.0.2

试验项目	一级公路				其他等级公路					
混合料类型	粗粒式		中粒式		粗粒式		中粒式		细粒式	
	I 型	II 型	I 型	II 型	I 型	II 型	I 型	II 型	I 型	II 型
击实次数(两面)	75 次				50 次					
稳定度(kN)	6.5	4.0	7.5	5.0	4.0	3.0	5.0	4.0	5.0	4.0
流值(0.1mm)	20~40				20~45					
空隙率(%)	3~6	4~10	3~6	4~10	3~6	4~10	3~6	4~10	2~6	4~10

附　　件

公路沥青路面养护技术规范

JTJ　073.2—2001

条文说明

1 总　　则

1.0.1 本条规定了制定本规范的目的。

随着公路建设事业的不断发展,沥青路面的数量和质量也有了较大的提高,但是由于交通量的迅速增长,载重车辆轴重的加大,致使沥青路面出现早期破坏情况较为普遍。路面的缺陷和损坏,必然严重影响路面的正常使用功能和服务水平。因此,必须对公路沥青路面加强养护,提高技术水平,保持路面的完好、畅通。本规范基于上述目的,并根据公路沥青路面的建设及养护技术不断发展的情况,在原"公路养护技术规范"的基础上修订而成的。

1.0.2 本条规定了本规范的适用范围。

各级公路的沥青路面养护均可采用本规范,但考虑到高速公路的养护,交通部正在制定相应的规范,因此,本规范仅就高速公路沥青路面的日常养护做了规定。

1.0.3 本条规定了沥青路面养护的基本要求,主要包括技术政策、技术措施、计划管理和安全措施等。

沥青路面的养护应贯彻"预防为主,防治结合"的方针,根据日常调查的路况资料及交通量、气候情况,进行分析,预作防范,加强预防性养护工作,特别是做好雨季、冬季的预防工作。

加强日常的巡视检查,这也是公路沥青路面养护中不可缺少的工作内容,通过巡视检查及时发现病害,及时采取措施,修复损坏部位,确保路面经常处于完好状态。

沥青路面使用到一定年限后,即使用到一定周期后,必须采取罩面或其他补强措施,以恢复其使用功能。即必须每年保证7%大修率,使路面得到周期性的养护,实现路面使用质量的良性循环。

沥青路面的科学养护主要是必须推广应用路面管理系统,通过采用科学检测手段和仪器,采集路面状况性能数据,进行评价分析,提出科学的养护对策。

沥青路面养护中采用的新技术、新材料、新工艺是指能够提高路面养护质量,减轻劳动强度,降低成本的各项养护措施。养护工作中还必须注意穿着养护安全标志服,由于养护工程作业的原因,使现有公路不能正常通行时,应当实行作业交通安全控制 ,确保养护施工的交通安全。同时,采取安全措施,注意安全操作。

1.0.4 使用本规范时应与现行的《沥青路面施工及验收规范》(GB 50092),《公路沥青路面设计规范》(JTJ 014),《公路沥青路面施工技术规范》(JTJ 032),《公路改性沥青路面施工技术规范》(JTJ 036)等规范互相协调对应。

3 养护内容与质量标准

3.1 工作内容与要求

3.1.1 本条主要是根据正在修订的“公路养护管理办法”及沥青路面养护工作的实际情况，对沥青路面养护工程分类做了较大的修改。增加了日常巡视与检查及专项养护工程，将原来作为改善工程调整为改建工程。

中修工程是指沥青路面一般性损坏的修复工作，多少工程量可定为中修工程，各地可根据本地情况、所需经费多少而定。

将改善工程改为改建工程是按修订中的“公路养护管理办法”的要求写的。因为改善工程的提法较为广泛，如大、中修工程也属于改善工程，因此将原来的改善改为改建更为合理。

专项养护工程是根据沥青路面养护工作的需要而列入的。主要是当路面遭受自然灾害，如因洪水引起的水毁，因地震、滑坡、崩塌、泥石流引起的公路损坏、病害等，都必须进行专项修复。同时，由于各种重大政治、经济活动，如大型体育运动会的召开等，也需对路面进行整治。

3.1.2 此条主要是对沥青路面的小修保养工作提出具体的实施要求。

3.1.4 在沥青路面的养护工作中还必须特别注意做好路面的排水工作，当路面出现裂缝、坑槽等病害时，为防止路面水渗入到基层，必须尽快将损坏的部分路面修复。同时必须做好路面的地面排水和地下排水设施的养护，确保排水功能的发挥。

3.2 养护质量标准

3.2.1 为了便于操作使用，将养护质量标准按公路等级分为高速公路、一级公路和其他等级公路两类。和原规范相比，PCI 和平整度指标对于高速公路、一级公路有所提高。完整的抗滑性能包括路面的细构造和粗构造。但考虑到该指标执行有一定困难，所以本规范中仍没有将此项指标列入。

此次规范修订还增加了路面横坡的养护质量标准，考虑到公路使用过程中路拱横坡的变化，因此其养护质量标准应较新建公路的标准低，故路面横坡的养护质量标准比新建公路的设计坡度相应低 0.5%。

原来的养护规范没有提出车辙的养护技术标准，随着高等级公路里程的不断增加，渠化交通的加剧，重车数量不断增加，车辙将成为一个日益突出的问题。因此，本次规范修改对高速公路和一级公路提出了车辙的养护技术标准。

国外对车辙标准的规定：

壳牌设计法：路面容许的永久变形，以 10mm 为破坏的临界状态，需加铺面层恢复其功能状态；20mm 即进入了破坏状态。因此规定高速公路的车辙标准为 10mm，一般公路为 30mm。比利时设计法：按车辙深度 RD 与车辙宽度之半的 ΔL 之比值（即 RD/ΔL）在 0.02～0.03 范围之间，若取车辙宽度 100cm 计，则 ΔL = 50cm，RD = 1.0～1.5cm 之间（总变形）。AI 法（美国地沥青协会）：认为只要路面各层很好压实，沥青混合料经认真设计，车辙不会大于 12.5mm，以此值作为车辙的标准。该标准值位于壳牌法标准与比利时法标准之间。1986 年版 AASHO 法：高速公路车辙修缮标准为 10mm，一般公路车辙修缮标准为 30mm。在日本，大量路况调查表明，当大型车辆超过 300 万辆时，车辙超过 10mm 的路占 50%，交叉口的车辙通常为正常路段的 2～5 倍，当路面需要罩面补强时，车辙深度一般为 20mm。日本的《道路养护与维修》手册：对沥青路面是否进行养护维修的车辙要求值规定：汽车专用道路为

25mm,交通量大的普通道路为 30 ~ 40mm,交通量小的普通道路为 40mm。

我国的情况:在北京、上海等大城市的某些干线上,特别是在交叉口或汽车站附近,车辙深达 100mm 左右,据北京市 1988 年对七条干线道路沥青路面的调查结果:平均车辙深达 61.9mm,最大达 110mm。在正定试验路上采用 ALF(加速加载设备)在某路段模拟 19 万次行车荷载的作用,平均的 RD 达 16.4mm。

结合国外对车辙标准的规定情况和我国的实际情况,将车辙定为:高速公路、一级公路:15mm。

3.2.2 考虑到目前尚无大中修、改建及其专项工程的专门质量检查验收标准,由此本条特意规定了大修、中修、改建、专项工程可参考《公路工程质量检验评定标准》(JTJ 071)执行。

3.3 养护材料要求

3.3.1 本条特意规定用于沥青路面养护的材料要求应与新建沥青路面一样,必须具有足够的强度、耐久性和稳定性,因此,对各种材料均应按规定要求进行检验,合格后方可使用。

3.4 养护机械配备

3.4.1 本条按照公路沥青路面养护必须提高养护机械化水平,走机械化养护道路的要求,并根据国内沥青路面养护机械生产的情况,提供了一个可参考选择采用的机械设备品种及规格表,各地应根据具体情况选用。

3.4.3 本条提供了路面管理系统在进行路况调查,采集路面数据时所采用的调查仪器设备,各地可按具体情况进行配置。

4 路况调查与评价

4.1 一般规定

4.1.1 目的

路面状况的调查根据用途的不同可以分为三类:一类是网级水平的路况调查,它主要是为省市公路管理部门分配资金提供决策依据;另一类是为项目制定大、中修或改建方案对策提供依据,它属于项目级的水平。后者在项目的指标、方法上要求比前者要细。此外还有日常养护与维修应进行的路面调查。原规范路面调查的目的主要侧重于项目级。

4.1.2 路面管理系统为公路管理部门制定养护对策、提供养护资金的分配、确定养护优先次序和养护工作计划提供了决策依据,各地应积极使用路面管理系统。数据库是路面管理系统的基础,在使用的过程中,各地应重视并做好数据的采集和数据库的完善工作。

4.2 路面的破损类型

4.2.2 沥青路面的破损类型

根据路面的破损情况,在原规范的基础上增补了麻面、脱皮、啃边、搓板、磨光、冻胀、翻浆等类型。

4.5 使用品质的评价指标与评价方法

4.5.1 路面现有使用质量的评价内容包括:路面破损状况、行驶质量、强度和抗滑性能四项。原规范中使用品质评价指标采用抗滑系数这一名词,不够科学,现改为抗滑性能,它仍采用横向力系数或摆值作为评价指标，在调查时，相应的调查内容为横向力系数SFC或摆值BPN。路面破损状况反映了路面的结构完好程度；强度反映了路面的结构承载能力；平整度表示路面表面诱使行驶出现振动的高程变化，它对车辆磨损、油耗、行驶舒适性、路面损坏和交通安全产生直接的影响；国际平整度是反映平整度的一项指标。抗滑性能则反映了路面上车辆行驶的安全性。四项内容采用了两级评价指标：即单项评价指标和综合评价指标。单项评价指标反映各单项内容的使用品质，适用于项目级的路面评价和管理；综合评价指标则体现了整个路面使用品质的总体情况。

4.5.2 路面状况指数(PCI)

1 各类严重程度和类型的破损对车辆行驶的舒适性、安全性以及对路面的完好程度、使用性能的衰退有不同的影响，同时对养护处治的工作量的影响也不同，建立明确的定量关系是困难的。因此，本规范采取主客观相结合的办法来评价路面的使用性能。

2 本规范在原来的基础上增补了麻面、脆皮、啃边、搓板、磨光、冻胀、翻浆等类型。路面破损换算系数中相应地增补了其换算系数，其值见表4.5.2-1。

3 原规范式(4.5.2-1)应为破损的百分率，本规范对其进行了相应的修订，并明确了单位。

4.5.3 原规范的路面强度系数采用路面允许弯沉与路段代表弯沉的比值。因《公路沥青路面设计规范》(JTJ 014)不再使用路面允许弯沉的概念，而改为路面设计弯沉值，本规范对式(4.5.3)也进行了相应的修改，即路面强度系数为路面设计弯沉值与路段代表弯沉的比值。《公路沥青路面设计规范》(JTJ 014)中设计弯沉的计算公式是在对全国许多省市的公路调查实测的路面弯沉结果进行整理分析得到的，同时对弯沉逐年变化曲线进行了研究，得到了弯沉随时间的变化规律。路面的设计弯沉与路段的代表弯沉的关系为 $I_d = I_R/1.2$，按照本规范的强度系数的定义，对原强度系数进行了相应的修正，得到表4.5.3的强度系数评价标准。

4.5.4 行驶质量指数(RQI)

1 国际平整度指数是一项通用性好、与各类测定方法的测定结果具有良好相关性的指标。用反应类平整度测定设备采用国际平整度指数表征路面的平整度时，由于反应类平整度测定设备的时间稳定性差、转换性差，在进行路面平整度的测定时，首先应在选定的有代表性的路段上进行设备的标定(即建立 IRI 与平整度测试设备的相关关系)，确定标定系数 a 与 b。所选路段宜均匀平直，且包括优、中、差等不同路面使用品质的路段。

2 行驶质量指数 RQI 也是一项主客观相结合的评价指标，它不仅与平整度有关，还同人的可接收能力及车辆的悬挂系统有关。式(4.5.4-2)即体现了这种主客观相结合的评价方法。

4.5.5 路面抗滑性能可采用两种评价方法。对于高速公路、一级公路，宜采用横向力系数测定设备进行测试，对于其他公路，有条件的可采用横向力系数测定设备测试，无条件的可采用摆式仪测定。

4.5.6 路面综合评价

1 路面综合评价采用 PQI 作为评价指标是对路面使用性能(包括 PCI、RQI、SSI、SFC 在内)加权平均后的综合评价，反映了路面在使用和养护过程中的总体情况。PCI、RQI、SSI、SFC 的权重可能因公路等级、环境、交通量等因素的差异而不同。本规范表 4.5.6-1 将权重系数按公路等级分为三类：高速公路、一级公路；二级公路；二级以下公路，并通过专家调查咨询，总结得到不同情况的各指标的权重值，结果如表 4.5.6-1 所示。这种修订体现了各指标在不同类型公路情况下占比重的差异。同一类型公路的各权重系数之和为 1。

2 各指标因单位不同，无法实施加权处理，因此应先对各指标进行无量纲处理。无量纲处理方法即表 4.5.6-2 的换算。

4.6 维修养护对策

4.6.1 对沥青路面养护对策的选择除了考虑公路等级、交通量外，主要是依据各单项路况指标的评价结果。

4.6.2 网级路面管理的目的是通过路况调查，对路面状况进行评价，为省市级公路管理部门制定资金需求计划和资金分配方案、确定养护优先次序提供决策依据。

4.6.3 根据公路等级和分项路况的评价结果，对路面损坏状况与强度、路面的平整度、路面抗滑等指标分别制定相应的对策，这些对策主要是侧重于网级的管理。养护对策的制定体现了公路等级、交通量的差异。本规范增加了改建的相关条文。

4.6.4 大中修及改建工程应按规范的要求进行专门的设计。

4.6.5 按照网级管理的分析结果，根据路面的具体情况制定项目的具体养护、改建对策。

5 日 常 养 护

5.1 一般公路沥青路面养护方法

5.1.1 初期养护应按下列规定进行。

1 热拌沥青混合料路面的初期养护

(1)混合料摊铺后路表温度低于 50℃时,才可开放交通,防止出现车辙等病害。

(2)双幅摊铺的沥青混合料路面,纵向接缝不平的现象在施工中很常见,条文中说明了检查和处理方法。

2 沥青贯入式路面的初期养护

开放交通后对车辆限速的目的是为了防止路面松散。

4 乳化沥青路面的初期养护

沥青乳液有一个破乳的过程,即水从沥青混合料中分离出来。破乳之前沥青乳液不稳定,如不严格控制交通,路面成型后将出现严重车辙。

5.1.2 沥青路面日常养护应按下列规定进行。

本条文内容包括:日常巡查、路面清扫、履带车和铁轮车在油路面上行驶的规定、雨后路面清扫积水、排水设施的养护、冬季除雪防滑、路肩养护、边坡养护等八项内容。把路肩和边坡养护也列入沥青路面日常保养的工作内容,这是因为路肩和边坡养护的好坏将直接影响路基的稳定,进而影响路面的养护质量。

1 日常养护中发现病害,按第 6 章路面常见病害维修的有关规定处理。

2 在路面上堆积肥料、建筑材料等,不仅影响公路的通行能力,还会对沥青路面造成损坏,应及时清除;严禁在路面上打场、晒粮和碾压其他物料,因为在气温较高而路面发软时,某些杂质和细粉被压入油层,会降低路面强度。

3 履带车辆通过沥青路面的保护措施:

(1)履带车需通过沥青路面时,车主应提前与公路管理部门取得联系,在得到同意并采取相应措施后才能行驶。

(2)如有其他砂石道路可绕行时,各种履带车和其他铁轮车应尽量绕行。必须通过沥青路面时应带履带橡胶套。

(3)经常有履带车行驶的路段,可加厚加宽油路面或采用块石铺砌。

(4)履带车临时短距离通过沥青路面时,可采取临时性措施。

5 边沟是排水设施中最常见的一种。

(1)土质边沟应经常保持原设计断面,及时清除淤塞和杂草,满足排水需要。沟底纵坡保持在0.3%~0.5%之间。沟长一般不超过于500m,多雨地区沟长不超过300m,应分段将水流引出路基以外。不使水积聚在边沟之内。通过养护开挖大边沟。几年来通过实践证明开挖公路两侧大边沟,对防洪排涝,切断地下水,稳定路基,美化路容起到了一定的作用。

(2)石砌大边沟为矩形,其尺寸为深80cm,宽60cm,石砌底或碎石压底,纵坡一般可大于土质边沟的纵坡。

(3)土质边沟为梯形,深80cm以上,底宽60cm以上,边沟两侧坡度按当地土质而定。

6 除雪防滑

路面积雪如不及时清除,不仅影响行车安全,而且到了春融期,雪水渗入路基,还影响路基强度,尤其在翻浆地段,更会加剧翻浆的形成和发展。

5.1.3 预防性季节性保养修理

本条文原规范只说明四个季节发生病害的种类,本规范新增了各种病害产生的具体原因和特点,以便于有针对性地做好各种病害的预防。

5.2 高速公路沥青路面日常养护

5.2.1 一般规定

1 本条规定了高速公路沥青路面日常养护的目的。

2 高速公路沥青路面日常养护的具体作业内容与一般公路没有质的区别,但由于高速公路是具有特别重要的政治和经济意义的、最高技术等级的公路,因此在及时掌握信息、合理安排项目、科学规范作业、安全快速操作以及作业过程中的交通服务等方面提出了更高的要求,以确保更充分地发挥高速公路的功用。

3 高速公路沥青路面上出现的各类病害,对于高速行驶的车辆的危害性比其他等级公路的危害性更大,因此对高速公路沥青路面上出现的各类病害,必须尽快按本规范第6章的有关规定予以修复。

直接危及正常交通和行车安全的病害,主要指位于行车道上、可能导致行驶车辆剧烈颠簸、车轮打滑、制动失灵、方向瞬时失控的较大较深的坑槽、冻胀、翻浆、车辙等。这类破损危害极大,一旦发现,应立即修复。如果由于天气、材料、机具设备等施工条件暂不具备而无法完全按规范要求予以修复的,也必须先采取简易修复、现场设置有关标志等临时过渡性措施,待施工条件具备后,再按本规范要求重新予以修复。

4 高速公路沥青路面养护机械设备的配置,包括日常运行设备的配置,以中轻型常用设备为主,可参照本规范附录A,并结合本地区、本管养单元的具体情况来确定设备配置的种类和数量。

大型养护施工设备(摊铺机、大中型路面铣刨机、中重型压路机、高空作业车等)、大型排障抢险机具(大型排障车、大型汽车式起重机、平板运输车等)以及专项技术检测仪器设备,对高速公路沥青路面的养护和运行是必需的,但使用率不高。因此由若干养护单元统一配置、协调使用,可以提高大型设备的使用效率,降低使用成本。

养护机械设备的配置,是养护作业机械化、规范化的重要物质基础，应根据实际情况，加强设备规划，确定合适的投资比重，实现养护机械设备的优化配置。

高速公路优化机械设备应向多功能、一机多挂和标准化、国产化方向发展。在逐步完善优化机械设备配置的同时，应健全优化机械设备的管理和维修制定，加强优化机械设备的操作技术培训，充分发挥机械效能，合理调整作业人员结构。

高速公路沥青路面日常养护具有质量要求高、时效性强的特点，为了保证养护作业能及时按规范进行，对常用材料应建立适当的储备，具体种类及数量，可根据实际需要和储备条件来确定。对于用量较大、储存较困难的养护材料，可与本地区或邻近地区的正规的材料生产厂商和供应商建立可靠的供需关系，以确保养护材料供应的质量、数量和速度。

5 高速公路的路面养护作业具有较高的风险性，因此，对从事高速公路路面养护作业的人员进行专门的安全教育和养护作业规程的培训是必要的。培训内容除了作业规程和自身保护措施之外，还应包括高速公路交通规则、高速公路路面作业的交通控制方式、设置和撤除安全作业区的方法等方面的内容。

5.2.2 巡查和检测

1 各类巡视和检查是养护工作的基础。由于高速公路上车辆高速行驶的特点，由路面状况的不良变化所造成的后果往往具有突发性和严重性。为了保持高速公路经常处于良好的技术状态，确保行驶车辆及其乘客的安全和舒适，必须及早发现一切可能危及正常安全运行的因素，并及时采取相应的措施。因此，对高速公路沥青路面的各类巡视和检查必须形成制度，并坚持认真执行。

2 高速公路沥青路面养护的决策依据除了有关路面状况的直接信息之外，还有其他相关信息，主要指气象信息、交通信息等。采集各类相关信息时要注意结合各地区的实际情况，并注意利用高速公路的气象监测系统、收费监控系统和交通监控系统。

3 高速公路沥青路面的养护质量标准和路面破损、平整度、强度、抗滑性能等分项技术检测要求见本规范第 3 章及第 4 章的规定。

高速公路沥青路面的高程测量指对路面高程变化特征点的实际高程的观测。尽管近年来对软土地基的处理技术日趋成熟,但是软基高路堤的工后沉降仍无法完全避免,特别是结构物两端路堤的不均匀沉陷所引起的桥头跳车,直接影响高速公路的运行质量,对行车安全构成极大危害。因此,对软土地基上修建的高速公路,此项检测指标是评价路面使用品质的首要指标。

4 各项巡视检查、专项调查和技术检测的目的是为养护决策提供科学依据,而简单地占有数据、资料是没有实际意义的,因此应及时进行相应的整理、分析工作。最有效的方法是建立沥青路面管理系统,将有关信息及时输入计算机管理系统,以便获得对管养路段沥青路面的技术状况和使用品质的最新评价,随时监测路面状况,实施动态管理。

高速公路沥青路面的各分项评价指标和相应的维修养护对策分别见本规范第4章的规定。养护对策应根据各分项评价指标确定,路面综合评价指标仅适用于对路面质量的总体评价。

5.2.3 清扫和排水

1 日常清扫是保持良好的路容路貌和运行环境的最基本的养护作业项目。由于路面横坡及高速旋转的车轮的作用,路面垃圾主要集中在路面右侧,因此一般情况下机械清扫应以路面右侧紧急停车带为主,同时可减少对行驶车辆的影响;但在设有反超高的弯道路段,应以左侧为主。

2 特殊清扫是指除定期定时进行的日常清扫之外的清扫保洁作业,通常是根据需要而临时安排的。在两次日常清扫的间隔中,因过往车辆的滴冒抛洒、车辆发生交通事故等各种意外情况,随时可能造成路面局部的严重污染,特别是油类物质及化学物品造成的污染还可能破坏路面结构。此类情况通常由养护巡查、路政巡查或道路监控系统发现,一般应及时安排特殊清扫,恢复路面整洁,当发现的路面异物足以妨碍正常交通时,则应立即予以清除。

3　路面排水系统是道路总体排水系统的一个组成部分,因此为了保持高速公路沥青路面排水畅通,应加强对整个排水系统的清理疏通和检查维修工作,并适时进行清理路肩边坡、修复局部沉陷、调整横坡不适等养护工作。

多雨地区在雨季前应采取预防措施,并对沥青路面的各类裂缝进行封、填处理,减少路面渗水,在雨季中应加强巡查,发现水毁部位及行车道明显积水时应立即采取有效措施,保障行车安全;在雨季后应对道路排水系统进行全面检查,尽快修复水毁部位。

5.2.4　排障和清理

1　高速公路应急抢救的工作内容并不局限于路面日常养护,而是与高速公路运行管理工作交叉重叠的。由于路面是体现道路功能的主要组成部分,因此本规范将此项内容纳入本章。

图 5.2.4 给出了高速公路应急抢救体制的基本功能要求。由于高速公路应急抢救工作的复杂性和突发性,各地高速公路管理机构在实施此项工作时,应根据各自的实际情况予以调整完善。

2　高速公路的排障救援工作是指排除、清理由自然灾害或异常气候等不可抗拒因素和交通事故、故障车辆等突发事件所造成的交通障碍,并对因此滞留的随车人员提供救援,包括排除各种路障、牵引(吊运)故障车辆和事故车辆、消防和医疗急救等,应与路政管理和运行管理工作结合进行。

高速公路的排障救援工作涉及面广,作业中随时可能遇到各种突发的复杂情况,因此应对作业人员进行全面的业务培训,以使其掌握应付各种情况的基本知识和技能;同时应根据管辖路线的长短、交通量的大小等具体情况配置必要的设备,以确保排障、清理和救援工作及时顺利进行。

5.2.5　除雪和防冻

高速公路的除雪和防冻作业是指清除路面积雪或融雪、雨水在路面上结成冰冻层的措施。除雪和防冻工作的基本要求是充分准备、快速进行、确保安全、保障畅通。

路面上的压实雪、融化的雪水、未及排除的雨水,当路表温度下降到 0℃以下时都会结冰。特别是在交通量较小的低温情况下,行车道上的积雪经车轮的碾压作用而局部融化且不及时排除时,极易形成局部薄冰层。路面一旦形成冰冻层,摩擦系数骤然降低,对行车安全构成极大的危害。当积雪达到一定深度时,还将直接阻碍车辆行驶。另外,融雪通过裂缝类的路面病害,缓慢持久地往下渗透,将对沥青路面和基层结构造成直接损害。因此常年降雪地区的除雪和防冻是高速公路沥青路面冬季养护的重点。

除雪和防冻的准备工作包括人员组织、设备配置、材料储备、气象监测和适应各种不同情况的作业规程等方面。每次除雪和防冻作业后,应充分做好下一次作业的准备,形成良好的作业循环,以确保每次除雪和防冻作业及时顺利进行。

6 常见病害的维修

6.2 裂缝的维修

6.2.1 沥青的物理性质受温度影响较大,因而沥青面层的温度稳定性较差,夏天易软,冬天易脆。例如沥青混凝土在正温度下是粘塑性材料,在负温度下,它却是弹性材料。特别是我国目前生产的多数石油一般都含有较多的石蜡,因此,沥青中蜡的含量多,往往超过10%~20%,这是导致我国多数沥青材料的延伸度小,与石料的粘结性能差,热稳定性也不好的主要因素。即使基层无问题,在低温情况下,不少沥青路面也容易出现一些轻微的脆裂,而随着气温的升高,这种裂缝一般是可以愈合的。

6.2.2 在寒冷地区,因基层所含水分会发生冻胀,路面基层中各部分所含水分的不均匀性又导致冻胀程度不一。在干燥季节,土体因缺水会产生干缩。这种因基层温缩、干缩而使面层产生的裂缝一般间距较大,缝也较宽,即使在夏季高温时也不能愈合,只能采用填补的方法予以处治。

6.3 拥包的维修

6.3.2 即使路面基层稳定,由于面层局部沥青混合料中细集料过多,含油量过大,在行车水平力作用下,逐渐推挤聚集而成拥包。实践证明,层铺法的沥青处治路面,当油石比超过7%时,容易产生拥包,特别是在弯道处。这种拥包经过铲除处治后,一般均可恢复至原样。

6.3.4 如果路面基层强度不足,结构内部抗剪强度不足以抵抗行车荷载产生的剪切应力的作用时,往往造成路面沉陷,沉陷处两侧路面面层向上挤出隆起。此外,如基层中含水量过大,停留在基层表面,与面层形成两张皮。在行车的来回碾压下,也会使路面面层推拥成包。这样形成的拥包位置往往不固定,随行车的碾压而变化,因此也称为“活油包”。这类拥包的产生主要不是因为面层而是基层的问题,因此也称为“假油包”。只有处治好基层的病害,这类拥包才能根除。

6.4 沉陷的维修

6.4.2 路面出现沉陷只是一种表面现象,根本原因是土基或基层强度不足。因密实度不够,含有淤泥、泥质岩或路基位于稻田、水网区,地下水位较高等均可造成土基或基层的软弱,从而导致路面出现沉陷。因此,处治路面沉陷的关键在于增加土基或基层的强度和稳定性。

6.4.3 桥头跳车是较为普遍的现象,究其原因是桥台台后的路堤填土下沉所致。影响下沉的因素主要有以下几点:

(1)台后填土较高,引起深层地基压缩变形。

(2)施工中压实机械对紧靠台背部分的填土碾压困难,产生局部较大的路堤压缩变形。

(3)路基与台背处的沉降缝,因施工及养护不善,雨水渗入,也会对路基的沉降产生影响。

以上因素应通过养护来加以完善。

6.6 波浪与搓板的维修

6.6.3 因基层原因而出现波浪或搓板,在处治上难度要大一些。薄沥青面层的平整度在很大程度上是取决于基层的平整度。基层的波浪或搓板势必要反映到面层上。此时唯有将基层的缺陷处治好,面层的病害才能得以根除。

6.7 冻胀和翻浆的维修

6.7.1 在北方或高原地冻较深的地区,冬季由于冰冻作用将水分提到路面基层而结冰引起冻胀，到春融化冻，过多的水分使路基湿软，造成翻浆。这种翻浆一般称为冻胀翻浆。这与南方由于潮湿所引起的翻浆是有区别的。前者发生在春融季节，后者多发生在雨季。

6.7.2 土质、气温、水、路面结构和行车荷载是造成路面冻胀和翻浆的五大因素，而其中土质、气温和水是主要因素。因此，处治冻胀和翻浆应采取加强路基排水、提高路基、设置隔离层、盲沟、换土、改善路面结构等多种措施进行综合考虑。有时采用一种处理措施不能达到预期效果时，可几种措施并用。

6.8 坑槽的维修

6.8.1 路面基层完好，仅面层有坑槽，其处治的关键在于新填补的沥青混合料应采用与原路面同结构的沥青混合料，且无论是底面，或是四周，均与原路面结合紧密，形成整体。因此，从放样开槽到清底拌和，以至最后的铺筑压实，每一环节均应严格掌握。

6.8.2 在低温潮湿的季节，采用常规的方法补坑槽是难以保证修补质量的，反而会造成材料浪费。为防止坑槽面积扩大及雨、雪水渗入基层以至造成更为严重的病害，采取就地取材，对坑槽作暂时性的修补，不失为权宜之计。但应注意的是，待天气好转，重新修补坑槽前，必须把暂时代用的材料彻底清除干净，并对坑槽的边缘、坑壁及坑底均应重新凿整齐，以保证修补质量。

6.9 麻面与松散维修

6.9.1 麻面与松散属于同一类病害，只不过麻面在松散程度上比较轻微。麻面不仅影响路面的外观，也是造成路面松散破坏的主要原因之一。因为路面出现小麻面后，上层石料之间就有相互移动的余地，在汽车荷载的作用下也就容易被振动脱落而浮散在路表。这些石料在行车的作用下，搓动被沥青粘着的石料，促使后者脱落。此外，小麻面中常常积水，又会使石料表面沥青膜剥离，油石之间的粘结力减弱，石料松动脱出，导致路面松散破坏。松散是沥青路面中较为严重的一种病害。为了做到防微杜渐,尽量避免松散病害的发生,当路面出现麻面时,就应及时予以处治。实践证明,对于麻面病害,重新封面,往往能取得良好的效果。

6.11 脱皮的维修

6.11.1 脱皮产生的主要原因是封层与面层之间或面层与底层之间粘结不良,降低了层间的抗剪强度,在车轮荷载的水平作用力的作用下,所产生的剪应力使面层产生了推移。路面泛油期间未能及时撒养护料,一旦气温略回降,沥青的粘度增加,车辆通过时,容易将结合不好的层次粘起,也会形成脱皮病害。因此,排除影响层间粘结不良的因素,改善和提高层间的抗剪能力,是处治脱皮病害的关键。

6.12 啃边的维修

6.12.3 加强路肩养护工作,有条件时设硬路肩或设路缘石是处治啃边病害的有效措施。设置路缘石时,必须注意不得阻滞路表水和结构层中水的排出。

6.14 桥面沥青铺装的养护与维修

6.14.2 对桥面的沥青铺装所出现的各种病害应及时予以维修,因为桥面铺装的病害不仅仅是影响行车,而且还会危及桥梁本身的承载能力及耐久性。钢桥、大跨度悬索桥、斜拉桥等由于行车荷载的冲击力引起的经常性振动对桥面铺装造成不利的影响比较明显,特别应加强日常养护。

7 罩　　面

7.1 一 般 规 定

7.1.1 本规范中所指的沥青路面罩面是指:凡旧路面强度指标符合要求情况下,在旧沥青路面面层上加铺的沥青混合料薄处理层,统称为沥青路面罩面。

从此定义推出,目前沥青路面养护中常用的封层、稀浆封层、雾状封层(有的称为封层)、沥青表面处治等属此范围。

把它们归在罩面范围内,是由于它们符合上述罩面定义,有下列共性:

1 都是在旧沥青路面面层上的沥青混合料处理薄层;

2 都必须在旧路面强度符合要求的情况下才能采用;

3 都比较薄,一般不计入承重层厚度;

4 对改善旧路面的使用质量,如减少网裂、改善平整度、提高抗滑性能、防水下渗都会起到一定的作用。

但是,由于铺筑厚度、采用的材料、施工工艺不同,所解决病害的功效程度也存在差别,有必要根据侧重不同把罩面大致又分成几个类型:普通型、防水型、抗滑型。

1 普通型:由于铺筑厚度较厚,对治理破损,恢复平整度,提高抗滑性能的能力就强一些,要求的质量标准应较高一些;

2 防水型:主要指目前在一般公路上使用的封层、稀浆封层。由于它使用的是稀浆乳液,石料也很细,可以把层做得很薄,所以对减少网裂,防水下渗有较好的作用,而对路面较严重破损及平整度的修复能力显然是很小的;

3 抗滑型:各级公路都会存在有抗滑系数满足不了要求的光

滑路段,为单独满足这一项指标,或主要用于抗滑目的而铺筑的处理层也是存在的。

7.1.4 厚度的确定目前仅是根据经验确定。但由于定义中已限定为薄层,所以最厚限度为5.0cm,再厚就按补强对待。

《公路沥青路面施工技术规范》中对乳化沥青仅列有“道路用乳化石油沥青技术要求”和“乳化沥青稀浆封层的矿料级配及沥青用量范围”两表。因此,具体使用时参见附表7.1.4-1和附表7.1.4-2。

乳化沥青稀浆混合料指标要求 附表7.1.4-1

序号	项目		标准值	检查频率	检验方法
1	可拌和时间(s)(破乳时间)		>120	2次/d	
2	稠度实验(mm)		20~30	2次/d	T 0751-1993
3	湿轮磨耗值(g/m²)		<800	1次/d	T 0752-1993
4	负荷车轮实验(g/m²)		<600	1次/d	
5	初凝	时间(min)	≤30	1次/d	
		粘结力(N·m)	≥1.2		
6	通车	时间(min)	≤60	1次/d	
		粘结力(N·m)	≥2.0		

注:改性乳化沥青稀浆混合料的技术要求项目与一般稀浆封层相同,只是初凝要求粘结力值应大于1.2N·m,且时间小于30min;通车粘结力应大于2.0N·m,且时间小于60min。湿轮磨耗值要求:浸水1h小于538g/m²,浸水6d小于807g/m²。

聚合物改性乳化沥青检验项目及标准 附表7.1.4-2

项目 \ 分类		PKR-T型	
		1	2
粘度	恩格拉粘度E25	1~10	
	标准粘度C25.3	8~30	
筛上剩余量(1.2mm)小于%		0.3	
粘附性(集料裹覆面积不小于)		2/3	
沥青微粒离子电荷		+	
蒸发残余物含量不小于(%)		50	

续上表

项目 \ 分类			PKR－T型	
			1	2
蒸发残余物性质	针入度(25℃) (1/10)mm		60～100	100～150
	延伸度	(7℃)cm	大于 100	－
		(5℃)cm	－	大于 100
	软化点 ℃		大于 48	大于 42
	粘韧性	(25℃)N.m	大于 3.0	－
		(15℃)N.m	－	大于 4.0
	韧性	(25℃)N.m	大于 1.5	－
		(15℃)N.m	－	大于 2.0
	灰分	%	小于 1	
贮存稳定性(1d)小于(%)			1	
低温贮存稳定性(－5℃)			无粗颗粒与结块	

注:表中是聚合物改性乳化沥青用做粘层油的检验标准,它比阳离子乳化沥青增加了低温延伸度、粘韧性、韧性、灰分等四项标准。作为其他喷洒与拌和用的聚合物改性乳化沥青,除应重视这四项检验标准外,还应重视改性乳化沥青的蒸发残留物含量与破乳速度符合施工要求,例如蒸发残留物含量,用于层铺贯入不得低于 60%,用于拌和混合料不低于 55%,用于稀浆封层不低于 60%。

7.3.3 养护工程的施工质量验收检验评定,尤其是罩面工程质量受原有路面状况的制约很大,根据有关资料和经验定出该标准。请各地不断总结经验,不断补充完善。

8 翻修与再生利用

8.1 路面翻修

8.1.1 当路面结构承载力不足、混合料质量差或基层用料不当、路基不稳定等造成路面损坏时,罩面养护的厚度一般较薄,不能根除病害,须进行翻修,以使路面适应交通要求,达到良好的服务功能。

8.1.2 为针对性进行翻修,应进行调研。一般是每 50m 或 100m 进行取样,对路面和基层的材料与路基土的工程特性作分析。同时,对路面强度(如回弹弯沉)进行测定,以确定路面的真实损坏原因。并根据交通量和道路等级进行厚度设计,以保证路面翻修后具有足够的强度和刚度。

8.1.3 翻挖路面所用的机具较多,各地条件也不同。但如只翻修部分面层时,采用铣刨机较适宜,不仅效率高,且可控制翻挖深度,剩余层位表面也较平整,使铺筑厚度均一。如翻修整个沥青层时,除可采用铣刨机外,也可用十字镐、风镐、落锤式破碎机等机具。但这些机具容易损坏完好的下层结构,操作时须注意。翻修的沥青旧料应避免其他杂质混入,并及时运送到适宜场地,以便再生利用。

当基层损坏引起面层破损时,面层翻修宽度应大于基层所需要翻修的宽度,使面层、基层接缝错开,根据日本道路协会 1978 年出版的“道路维修纲要”规定:沥青层的翻修宽度等于翻修基层宽度再加上基层厚度的 1.0~1.7 倍。本规范取 1.0 倍,即翻修面层的宽度需超出翻修基层宽度的边缘线 30cm 左右。

8.1.4 翻修后开放交通的初期养护工作是根据面层所用材料来

决定。贯入式和表处须控制车速和合理调整行车带；稀浆封层须在破乳后才能开放交通，并控制车速和合理调整行车带；热拌热铺沥青混合料经碾压后，温度冷却至环境温度即可开放交通；冷拌冷铺沥青混合料经碾压后控制车速和调整行车带。

8.2 沥青路面再生利用

8.2.1 对于再生沥青混合料，一般分为热拌再生沥青混合料和冷拌再生沥青混合料。对于热拌再生沥青混合料来说，又可分为工厂热拌和现场热拌两种。现场热拌再生沥青混合料由专用机械完成，其集加热旧路面、翻松、加入新料、拌和、摊铺为一体，该种工艺在国外已有较成熟的经验，但国内目前未具备条件，所以本规范不列入这方面内容，而只对工厂热拌再生沥青混合料的工艺作了规定。

1996 年发布的《公路养护技术规范》(JTJ 073)所规定的“重复利用”是不作再生处理，性能太差，适用范围很局限，所以本规范不将该内容列入。

8.2.2 20 世纪 80 年代，有些省份对在再生沥青利用作过专题研究，取得一定成果，沥青路面的再生利用在工程上发挥了较好的技术经济效益。根据国内外经验，再生沥青混合料一般用于面层的中、下层，上层仍是采用全为新料的沥青混合料封面，因此，本规范规定，热拌再生沥青混合料在翻修养护工作中可用于一级、二级和三级公路的中、下面层，对交通量不大、要求不高的四级公路才用于面层(包括上层)。冷拌再生沥青混合料成型期长、强度低，只能用于四级公路的养护工程。

再生沥青混合料用于高速公路缺乏资料和经验，用于一、二、三级公路上面层也未作深入研究，因此，本规范不列入用于高速公路和上面层的内容。但在今后实践过程中，各省市可在这方面进行试验研究，积累资料，当有成熟经验后，在今后修改规范时再补充。

8.2.4 本规范推荐的再生剂类型是根据市政部门和公路部门的

经验提出的。机油和润滑油作为再生剂在上海、天津、南京、苏州和武汉等地的城市道路养护工程中广泛使用，它能调节旧沥青组分，补充油分和树脂。为加快再生剂对旧沥青软化，再加一定比例柴油稀释。工程使用效果证明，旧料掺入适量再生剂后，再加入一定比例新沥青和新矿料拌和成再生沥青混合料的性能与全为新料的沥青混合料相当。抽出油和玉米油是一些省份公路部门的研究成果，它也可以软化旧沥青，降低旧沥青粘度和调整旧沥青组分，具有再生功能。各地亦可根据本地区货源条件，开发新的再生剂，经试用证明具有再生效果后再推广应用。

8.2.7 沥青路面经长期使用后，沥青受到阳光作用，产生老化，油分减少，低分子聚合成高分子。沥青质量增加，针入度降低，脆性增加。有关资料表明，70 号、60 号沥青经过 10 多年使用后针入度一般为 20 左右，因此，对大量旧沥青来说，须用再生剂使之软化和改善性能，达到路用性能要求，再生剂掺入量根据试验确定，即以旧沥青掺入再生剂后，针入度、软化点达到本地区要求的针入度等级为准。当然，如沥青路面使用时间不长，老化轻微，旧沥青质量符合本地区路面沥青质量要求时，亦可不掺入再生剂。

8.2.9 经过试验后，旧料需要掺入再生剂时，不能采用倾倒或喷射方法将再生剂掺入破碎后的旧料。这是由于再生剂用量少，一般占旧料的 0.4% ~ 0.8%，须将再生剂放到容器中，以一定压力将再生剂喷洒到旧料均匀拌和，拌和设备宜用强制式拌和机。拌有再生剂的旧料须堆放一定时间后使用，以便再生剂充分渗透到旧料内部，使旧沥青在拌制再生沥青混合料前，首先得到软化，以保证再生沥青混合料质量。根据有关资料，堆放时间一般为 1 ~ 3 天，高温季节用低限，低温季节用高限。堆放高度宜不超过 1.5m，否则容易结块。

9 补　　强

9.1 补强设计

9.1.1 沥青路面补强不仅适用于原有公路等级不变时因强度系数不符合要求的路段，同时还适用于因公路等级的提高而进行的改建工程。在补强设计中应首先对原有路面进行强度和病害调查。为了防止原有路面因自然和行车等因素产生的病害危害加铺的补强层，补强设计要注意对原有路面病害的处治。同时还要考虑原有路面不同路段强度差异的影响，因地制宜地对路段进行补强设计。原规范没有考虑补强设计中纵坡的不顺适等问题。补强过程中，应对全线的平纵横坡进行综合考虑，必要时，应对沿线的线形进行适当的调整，使其符合《公路工程技术标准》(JTJ 001)的要求。

9.1.2 本规范增补了沥青路面补强的类型和适用范围以及结构形式的选择等内容。

1 沥青路面补强层材料的选择应根据公路等级、交通量、公路所处的地理环境、材料来源、施工机械的配备情况等因素综合考虑。根据《公路沥青路面设计规范》(JTJ 014)的规定，高速公路、一级公路的上、中、下面层均应采用沥青混凝土，热拌沥青碎石划入次高级路面的范畴，所以高级路面的类型减少，而次高级路面类型的范围增加了。

2 对于原有老路上补强沥青路面的情况，专家提出按柔性基层上加铺沥青面层的方法进行设计，同时不少单位提出补强前老的沥青面层是否需要揭掉和在10cm的沥青面层上是否能再加铺10～20cm的沥青混凝土。

关于这些问题，我们分别对一级公路、二级公路和三级公路的沥青补强结构进行了试算。对于一级公路的双层和单层结构补强：交通量分别为5×10^6、10×10^6、20×10^6轴次；计算弯沉分别为40×10^{-2}mm、80×10^{-2}mm、120×10^{-2}mm、160×10^{-2}mm，计算了三类不同情况的90组数据。对于二级公路的双层和单层结构补强：交通量分别为1×10^6、2×10^6、5×10^6、10×10^6轴次；计算弯沉分别为60×10^{-2}mm、80×10^{-2}mm、120×10^{-2}mm、160×10^{-2}mm、200×10^{-2}cm以及提高等级和不提高等级等情况，计算了四类不同情况的140组数据。对于三级公路的双层和单层结构补强：交通量分别为2×10^5、5×10^5、10×10^5、15×10^5轴次；计算弯沉分别为120×10^{-2}mm、160×10^{-2}mm、200×10^{-2}mm、240×10^{-2}mm、280×10^{-2}mm以及提高等级和不提高等级，计算了四类不同情况的100组数据。其中双层补强分别采用半刚性基层加铺沥青混凝土面层和双层沥青混凝土面层两种情况，单层补强是单层沥青混凝土面层补强。

根据上述试算结果可以得出：

1　对于高速公路和一级公路的单层补强：原柔性基层上不宜采用单层沥青补强（除非基层强度足够大，计算弯沉小于40×10^{-2}mm）。半刚性基层上可采用单层沥青补强，但厚度太大，非常不经济。对于高速公路和一级公路的双层补强，若原有柔性基层或者原结构为半刚性基层且面层厚度大于15cm的结构，采用双层补强时基层底部拉应力验算很难通过，而宜采用半刚性基层加沥青混凝土面层的补强形式；若原有结构为半刚性基层，面层厚度小于15cm结构，采用半刚性基层加沥青混凝土面层的补强结构，基层底部的弯拉应力能通过验算，因此宜采用这种补强结构形式。

2　对于二级公路的补强：采用双层补强结构提高公路等级时，若原结构为柔性结构或原半刚性结构且面层厚度大于15cm，加铺中粒式混凝土面层，绝大部分结构的中粒式沥青混凝土面层的弯拉应力不能通过验算；若原结构为半刚性基层，面层厚度小于15cm，加铺中粒式沥青混凝土面层后，其层底弯拉应力全都通过，但补强的中粒式混凝土沥青面层太厚；若原结构为柔性结构或者为半刚性基层结构且面层厚度大于15cm,加铺半刚性基层后,大部分基层底部的弯拉应力能通过验算,而原半刚性基层结构上加铺半刚性基层,基层底部的弯拉应力全都通过验算。当采用单层补强结构提高公路等级时,若原结构为柔性结构或者为半刚性基层结构且面层厚度大于15cm,加铺中粒式沥青混凝土面层后,其层底弯拉应力绝大部分不能通过验算;若原结构为半刚性基层,面层厚度小于15cm,加铺中粒式沥青混凝土面层后,层底弯拉应力全通过验算,但厚度太大。

当采用双层补强结构(不提高公路等级),若原结构为柔性结构或者为半刚性结构且面层厚度大于15cm,直接补双层沥青面层其下层弯拉应力很难通过验算;若原结构为半刚性基层,面层厚度小于15cm,加铺双沥青混凝土面层或者半刚性基层加沥青混凝土面层结构,其层底弯拉应力不能通过验算,但下面层厚度太大。当采用单层补强结构时(不提高等级),补强厚度太大,很不经济。

3 对于三级公路,当不提高公路等级时,可采用单层或双层补强的结构形式;当提高公路等级时,宜采用沥青混合料面层加半刚性基层的补强结构形式。

所以本规范提出9.1.2条4款的规定。

对于补强前原有路面是否揭掉其面层,如果采用再生利用是可以的,但是施工工艺或工序不易保证。从试算结果看,采用半刚性基层加沥青混凝土面层的结构形式能保证结构层底部弯拉应力通过验算,所以这种情况下,可不揭掉原有路面的沥青面层。

9.1.3 补强设计过程中要做好路况调查工作,同时也为路面管理系统的使用积累资料。对路面原有的病害应考虑采取相应的修补措施进行处理,具体的处治方法可参照本规范第六章的有关内容。补强结构方案应根据路基的宽度、干湿类型、路面的原有结构等情况综合考虑。

9.1.4 原规范没有考虑原有路面的处理,本次规范修订增加了相应的条文。应通过设计调整不符合规范的原路面路拱;对原有路面破损,按面层或基层的处理方法进行处理。

9.1.5 原规范没有考虑补强路面与原有路面及桥涵构造物的衔接问题。本次规范修订增加了相应的条文。对于桥涵,应调查其承载能力和桥面铺装的破损情况,损坏的应重新进行修补;在桥涵构造物的承载能力满足要求的前提下,可适当加铺新铺装层。补强路段内应注意补强路面与桥涵构造物连接及与原有路面连接的纵坡适顺,纵坡不顺的路段可以适当改变路线的纵坡,使纵坡平顺。

9.1.6 1986年《公路柔性路面设计规范》对旧路面补强采用三参数经验法进行设计,现行的《公路沥青路面设计规范》(JTJ 014)取消了经验法,采用弹性层状体系理论分析法,因此原有路面的补强设计与新建路面设计采用统一的方法。补强设计中补强层厚度的计算宜采用专用的路面设计程序进行计算。

9.2 路面补强施工

9.2.2 为防止新旧基层之间出现夹层,应搞好新旧基层之间的联结,保证路基的强度和稳定性。对于旧基层出现松散或强度不足的情况,应将松散或软弱的部分挖除,换填水稳定性好的土并整平密实至设计和规范规定的要求。对原有路拱不符合要求而采取调拱来校正路面横坡时,要注意调拱层的厚度要适宜,不能太薄,以免在新旧路面之间形成夹层而影响路面的稳定性,必要时可沿原路面向下开挖一定的深度以保证调拱层的厚度。挖出面层和基层时,对于可重复或再生利用的材料,应注意回收储存。同时应做好路缘石和完善原有公路的排水系统。

9.2.3 对于采用新材料(如土工格栅、土工织物、玻璃纤维格栅等土工复合材料)、新工艺进行补强施工时,施工工艺是施工的关键。因此,在大面积补强施工前,应采用试验路段进行试铺,通过试验路段确定合理的施工工艺,如粘(透)层油的标号和单位用量、土工复合材料的张拉和固定、混合料的摊铺温度和速度、压实温度和压实方法、压实机械的合理组合、松铺系数等。在施工过程中应进行交通管制,防止行车对已铺筑结构层的破坏,施工完毕后应进行必要的初期养护。

9.2.4 应加强施工资料档案的管理。施工完成后,应提交完整的施工记录和总结报告,为以后路面的养护、维修、改建和科研提供基础和依据。就路面管理而言,施工技术资料是路面基础数据库的一个重要的组成部分,为配合路面管理系统的建立,应重视施工档案的整理和保管。

10 加　宽

10.1 加宽设计

10.1.1 沥青路面基层加宽的基本要求：

1 从线形看，加宽的方式包括两种：改善线形和不需改善线形。从加宽的位置看，加宽的方式包括单侧和双侧两种。

2 原规范没有对分离式断面加宽的要求作规定。本次规范修订增补了横断面为整体式和分离式情况的加宽要求。

3 路面的加宽改建是加宽部分路面的稳定性，因此应做好加宽部分路基、路面的处理和衔接。

4 路面加宽设计中要考虑原有公路的平纵曲线。若原有公路平纵曲线较差，可结合加宽设计对其进行完善，使之符合《公路工程技术标准》(JTJ 001)的要求。

5 沥青路面加宽时，因加宽部分加铺沥青面层会导致原有路面结构材料中的水分不易蒸发，湿度增加，强度下降。因此，要求重视加宽后路面的排水处理。如增设必要的边沟、排水沟、截水沟或路面内部排水措施，对于地下水位较高的情况，在加宽部分也应增加相应的地下排水设施，以降低、拦截或疏干地下水，保证路基的强度和稳定性。同时采用水稳性好的材料作基层材料以配合路面排水。

6 对于加宽宽度小于 1m 时，因路基和路面的压实质量不好控制，因此不应采用双侧加宽，本规范增加了这一条文。

7 增加了软土路基高路堤加宽时加固处理及特殊路基加宽的处理方面有关条文规定。

10.1.2 沥青路面基层加宽

1　加宽路基的厚度计算：

通过调查、测试确定路基土的回弹模量 E_0，测试应采用承载板法。依据土基的干湿类型和材料的来源制定不同的加宽结构方案。因加宽路面和原有路面的材料使用期不同，故其强度和刚度有差异，为使加宽后新旧路面的结构强度一致，应由原路面的计算弯沉作为加宽部分的强度控制指标：即以原路面的计算弯沉值作为加宽部分的设计弯沉值，利用弹性层状体系理论按照新建路面的设计方法计算加宽部分的基层厚度。承载板法测定土基顶面回弹模量和路面计算弯沉值的计算可参照《公路路基路面测试规程》(JTJ 059)和《公路沥青路面设计规范》(JTJ 014)的规定进行。

2　沥青路面的加宽经常和补强结合起来进行。对于既加宽又补强的情况，补强设计和施工应按本规范第九章的要求和规定进行，加宽部分的设计和施工应按本章的要求进行。

3　增加了对原有路面的强度要求。

10.1.3　沥青路面双侧加宽

根据计算，路面加宽的不均匀沉降随着路面宽度的增加而增大，因此，对有条件的路段应采用两侧相等的加宽方式；当两侧加宽宽度之差大于 1m 时，路拱中心位置也应进行调整，路拱横坡也相应地变动。在原有公路线形较好，不需改善的情况下，宜采用双侧加宽的方式。若遇两侧不相等的路面加宽，须采用调拱层。调整路拱横坡时，设计中应保证调拱层具有一定的厚度，具体要求见条文说明 10.1.5。

10.1.4　沥青路面的单侧加宽往往是在原有公路路线较差而需改善或因地形条件限制时在尽可能利用原有路面的情况下采用的加宽方式。因为路拱中心位置变化较大，所以应采取措施以调整路拱，通常采用调拱层的方法调整路拱。采用调拱层要求具有一定的厚度，否则因太薄易在上下结构层之间形成夹层，影响路面结构的稳定性。因此在设计中宜按路面结构的最小厚度保证其厚度，必要时可沿原有路面向下开挖一定深度，保证调拱层的厚度要求。同时也应在施工工艺上保证与上下结构层的联结性，如贯入式和沥青表处应浇洒必要的粘层油,对非沥青类调拱层可采用拉毛原路基顶面的办法。

10.2 路基施工与质量控制

10.2.2 压路机械在加宽路基外侧边缘时施工不便,压实度很难达到规范的要求。为保证这部分路基的压实度,应采用先超填超宽压实再削坡的方法,即填土宽度大于设计宽度的 50cm 以上,压实宽度大于设计宽度的 25cm,最后再沿边缘削掉 25cm 宽度的边坡。通过此法增加加宽路基的稳定性,减少新路基的不均匀沉降。加宽中新老路基易出现不均匀沉陷,除了采用沿原有公路边坡挖成向内倾斜的台阶保证新路基的稳定性和不均匀沉陷外,新路基的压实度是个关键。对于路基较窄的双侧加宽,应采取措施保证加宽后新路基的稳定。如果压实机械无法在加宽路基上进行操作,应采用小型机具对加宽部分进行夯实,使其达到规定的压实度,特别是邻近原有路面部分的压实度。同时还要注意坡脚的稳定性,必要时应采取加固措施。而对于基底软弱的原有公路加宽,先用软弱地基的处理方法稳定基底,待强度和沉降均符合要求后再进行基层和面层的加宽。为防止新老路基的不均匀沉陷,还应积极采用新材料和新工艺(如土工合成材料),但新材料的使用应从施工工艺上保证其质量和使用效果。

10.2.3 路基加宽施工时,对于新开挖的路基,要做好防护与加固;对于路基的排水,除临时排水设施外,还要搞好永久的地面和地下排水设施。对于原有公路的排水沟渠,应进行妥善的处理。原有沟渠位置不适时,应作必要的改沟;尺寸过小的应视情况而加宽尺寸;对于原来漏设的应增设;原来损坏的应加以修复。

10.2.4 加宽公路的路基施工和质量控制同新建公路的要求一样。

10.3 基层施工与质量控制

10.3.2 新旧基层衔接应符合下列要求:

1　原规范对于路面基层接茬规定了三种方法：即“相错搭接”、“平头接头”、“斜接头法”。这次规范修改将纵向接茬分为两种情况：即厚度大于等于25cm和厚度小于25 cm，他们包括了整体型基层和嵌锁级配型两大类。对于嵌锁级配型路面基层的接茬，许多单位提出原规范的斜接头法接茬不利于施工，宜改为相错搭接法；同时对于厚度小于25 cm的基层，采用相错搭接法对某些基层不能满足结构层最小厚度的要求。因此，不论整体型基层还是嵌锁级配型基层，均用厚度为25cm作为界限，故现将接茬方法改为“相错搭接法”和“平头接头法”两种。

2　原规范在新铺路面基层处规定高程应高出旧路面0.5cm，它是通过理论计算得出的新铺基层的预留沉降高度。这次规范修订，专家和各单位提出预留高度不利于施工控制，同时也不利于行车。因此取消原来的新铺基层顶面上的预留高度，使新旧基层顶面的标高平齐。

3　采用将加宽部位以外揭掉30cm原有旧面层的措施，并将原基层顶面清扫干净后拉毛是为了保证新旧基层更好地衔接。

10.3.3　调拱层最小厚度是为了避免在旧基层与新铺面层之间形成夹层，减弱路面结构的联结。

10.3.4　加宽基层部分的施工和质量控制同新建公路的要求一样。

10.4　施工与质量控制

10.4.2　新旧面层衔接应符合下列要求：

1　原规范加宽新面层时应预留0.5～1.0cm的沉降高度。这次规范修订取消了这一预留高度，即不论单层还是双层面层，面层在与原有路基平齐的新加宽基层上施工，最后新旧面层顶面平齐。取消预留沉降高度的原因同10.3.2。

2　对于较窄的路面加宽，为保证路面的压实度，应采用小型振动板沿纵向接缝处振动压实路面，以保证路面的压实度，同时应注意振动压实的方向和压实后路面的平整度。

10.4.3　加宽路面的施工和质量控制同新建公路的要求一样。